이광녕 평설집

이광녕 평설집

아름다운 시혼 그 울림소리

이 광 녕 지음

도서출판 조은

이 책을 펴내면서
– 작품평설의 허(虛)와 실(實)

문학작품을 평가한다는 것은 어찌 보면 타당성이 없는 이야기일 수 있다. 개성적 안목과 주관적 감정으로 빚어놓은 작가의 옥석(玉石)들을 어찌 또 다른 주관적 안목의 잣대로 재어 보고 정으로 쪼아대고 이러쿵저러쿵 함부로 왈가왈부할 수 있단 말인가?

장자(莊子)에 '오리의 다리가 짧다고 억지로 늘이지 말며, 학의 다리가 길다고 자르지 말라'라고 하였는데, 작가의 작품이 다소 짧거나 길다고 해서 평가자가 함부로 칼질하는 일이 문단의 여기저기서 흔하다. 그러다 보니 어떤 예민한 문인들은 작품의 혹평에 충격을 받아 문단에 발을 끊고 조언은 멀리 한 채, 독자적인 행보의 길로 빠져 문단의 외톨이가 되기도 한다. 이러한 일은 개인은 물론 문학의 발전에도 크게 저해 요인이 되고 있다. 그렇다면 이러한 작품 품평의 기회를 갖지 말아야 할 것인가? 각 문학회에서는 작품 품평에 대한 찬반 여론이 분분하다.

그러나 필자는 다소 어려운 점은 있더라도 작품의 품평 과정은 반드시 필요하다고 본다. 우리는 열차를 타고 있을 때, 가끔 어느 틈엔가 벌써 미끄러지듯이 가고 있는 것을 느끼는데 그것은 자기가 타고 있는 열차가 움직이는 것이 아니라 저쪽 편 열차가 가기 때문에 착각이었다는 것을 뒤늦게야 깨닫는다. 이것이 바로 자기 성찰과 객관적 안목 개입의 필요성이다. 나도 모르게 입가에 묻은 밥풀은 조언을 해 주어야 떼어낸다. 쇠는 달구어 제련되어야 더욱 강해지며, 대추나무는 강풍에 혹독하게 흔들려야 다음 해에 튼튼한 대추가 많이 열린다고 한다.

문학의 가치가 독자들을 감동시키는 "공감"의 영역 안에 있어야 한다면, 작가는 '우물 안 개구리'의 아집에서 탈피하여 때론 또 다른 시각의 조언이나 탐구과정으로 작문의 기능이나 사고의 확장을 꾀할 필요가 있다. '불치하문(不恥下問)'이라 하였으니, 작가는 자기를 더 낮추고 더 듣고 소통의 광장으로 나아와야 더 성장 · 발전한다.

여기서 생각해 봐야 할 점은 품평자의 자질과 자세이다.

'작품 평설'은 반드시 작가 '존중'과 '공경'과 발전을 위한 '격려'차원에서 이루어져야 한다. 품평자와 작가와의 관계는 결코 갑(甲)과 을(乙)의 관계가 아니다. 품평자가 무슨 인사청문회나 하듯이 고자세이거나 직설적 지적으로 일관한다면 오히려 엄청난 역효과가 파동을 쳐서, 품평자 스스로 권위가 실추되고 작가도 크게 상처를 입게 된다. 품평을 받는 작가의 겸허한 자세도 필요하지만, 그보다 더 품평자는 자기를 낮추고 상대방을 높이며 겸손과 칭찬과 공경하는 자세로 대해야 한다. 만약 작품의 질적 결함이 발견됐을 때에는 기분이 상하지 않도록 은근히 돌려서 깨닫도록 인도해야 하며, 늘 격려해 주는 자세로 임하고 잘된 점에 대해서는 칭찬을 아끼지 말아야 상대방이 성장한다. 그래야 품평자나 작가 모두 발전의 기쁨을 맛볼 수 있으며, 원만한 인간관계도 성립하여 문단생활이 즐거워진다.

필자는 이런 면에 유념하면서 근래에 청탁 받았던 작품 평설을 이 책에 묶어 보았다. 이 책에 실린 작가들은 모두 '회초리(回初理)'의 정신으로 일취월장하여 명시들을 창작해 내고 있으며, 또 습작에도 열심이신 훌륭한 분들이다. 이 작가들은 이 책에 제시된 저서를 상재함으로써 인생이 한층 업그레이드되어 더욱 문단에서 큰 빛을 내고 있으니 감사하기 그지없다.

"떨어진 꽃잎은 꽃씨를 품고 있어야 하며, 곱게 물든 단풍은 봄꽃보다 더 예쁘다."

인생은 아름다운 족적을 남겨야 하는 존재이다. 그리고 글 쓰는 문인들은 나이 들수록 더욱 인품의 향기가 풍겨 나와, 더욱 곱고 젊어지는 여생이 되는 존재이다.

여기에 실린 여러 작가분들의 문운과 여생의 축복을 빌며, 이 평설집이 여타의 다른 작가들에게도 작품 창작의 표본이 되길 바란다.

2016년 5월 1일

저자 효봉(曉峯) 이광녕

차 례

★ 저서 추천 및 축하의 글

성찰과 깨달음의 심연에서 퍼 올리는 영혼의 울림소리

금동춘시인의 아호는 '동당'이다. 그의 아호에서 읽을 수 있는 바와 같이 그의 글은 성찰과 깨달음의 심연에서 퍼 올리는 영혼의 울림이요, 깨우침의 맑은 소리이다.

지긋한 나이에 문단을 노크한 그는 그의 인생의 진액이 녹아들어가 있는 진솔한 글을 쓴다. 그가 특히 남다른 통찰력을 지니고 사물에 대해 세미하고도 내밀한 투사력을 보이고 있는 것은 그의 천부적인 감성과 오랜 동안의 인생 경륜에서 우러나온 예지력 때문이다. 그의 글은 말장난이나 가식의 굴레에서 완전히 벗어난 순수한 체험의 노래이다. 소위 송나라때 구양수가 말한 '시궁이후공(詩窮而後工)'의 진면목을 보여주고 있는 것이다.

금동춘 시인의 작시적 모티브는 그 출발점이 '자연'이다. 자연의 질서와 그것에 준하는 인간 존재에 대한 깊은 성찰은 그의 작시법의 주동인(主動因)이다. 흙냄새 물씬 풍기는 시골출신으로, 보릿고개를 온몸으로 체험한 그는 우리가 망각하고 소홀히 하기 쉬운 작은 것들에서부터 세미한 음성을 들으며, 물아일체의 경지에서 자연과의 조화와 합일을 노래한다.

노을이 내린 들녘에 / 가만가만 귀 기울이면
솔 가랑을 흔들고 / 개울을 물장구치는
개구쟁이 샛바람 / 휘~ 소리치며 달려와 안기고
소쩍소쩍 / 뻐꾹뻐꾹 / 구슬픈 듯 앙큼진 사랑의 밀어.

고요히 눈을 감고 / 바람의 연주에 취하노라면,
흩어지고 모여드는 소리 소리들
음률은 애절한 듯 / 나뭇잎 파르르 자지러지는
갯물살 억센 함성은 / 숨이 차 헐떡이고
갯지렁이 흙 뒤집는 / 가녀린 떨림이 애절하지만,

단풍잎 간드러지는 뒤꼍엔 / 삶의 질곡을 참아내는 가파름이
내 가슴에서 춤을 추는 / 환상의 하모니에 취한
들녘의 수림들 기립하여 / 박수를 치면
나는 한 폭의 푸른 자연이 된다네.

–「자연의 연주」 전문

자연은 원초적 가치 창출의 광활한 근원지이며, 시상(詩想)의 무한 저장소다. 자연을 대하는 작가들의 성향에 따라서 거기에서는 다양한 이미지들이 꿈틀거리며 시적 표현의 욕망들이 손짓을 한다.

작품 「자연의 연주」에서 작가는 들녘에서 펼쳐지고 있는 바람의 연주와 모든 자연물들의 생동하는 환상의 하모니에 취해 자연과 하나가 된다. 이러한 작가의 동향은, 자연이 인간 존재의 근원처임을 자각하고 거기서 삶의 가치를 발견하며 자신도 그 일부라는 관점에서 비롯된 것이며, 서정적 자아는 자연과의 '동일성(identity)'을 추구하고 있다.

순환하는 대자연 / 차갑게 뜨겁게 달구어지면
푸른색 노란색 붉은색 / 산천은 변화를 모색한다.

빛이 / 여리고 강하게 춤을 추면
바람의 명암은 / 저 찬란한 색으로
암벽을 타고 내리며 / 능선을 수놓는다.
어느 화선이 / 빛을 넣고
색을 투영하고 / 바람으로 생동을 넣었을까.

잔설처럼 남은 생의 뒷모습
불꽃으로 남아 / 아쉬움을 장식하는 / 자연의 오묘함에
탄성소리는 힘이 부치다 하네.

－「경이로운 자연」 전문

작가는 인간과 자연의 조화와 합일사상을 지니고 있다. 일찍이 장자(莊子)는 자연을 거대한 순환 체계로 보고 살아 움직이는 실체로 파악하였다. 이 척박한 시대에 문학이 표방해야 할 최대 공약수는 자연을 배경으로 한 탁월한 '서정적 울림'이 되어야 한다.

금시인의 자연관은 경화된 무위자연(無爲自然)의 개념이 아니라, 살아 움직이는 실체로서 생동감과 미감이 흘러넘치는 신비경으로 묘사되고 있다. 순환하는 대자연은 각양각색으로 변화를 보이면서 찬란한 색으로 수를 놓고 오묘함과 경이로움의 극치를 이루고 있다. 작가는 이 대자연의 경이로운 모습을 표현할 길 없어 그저 '탄성'을 지르며 '힘이 부치다' 한다.

이 밖에도 「숲의 개울」 등 작가의 자연관을 드러낸 시편들이 여럿이 있는데, 시 전편을 흐르고 있는 자연과의 조화와 합일의 시상

은 하나의 생명의 물줄기로서 그의 시 세계 전체를 관류하고 있다.

금시인의 시에서 일차적인 원소가 '자연'이라 하면, 그 필연적 산물은 '초월과 달관'의 경지이다. 금시인은 오랜 경륜과 고난의 역정을 통해 농축된 달관의 발자국을 따라 세월의 다리를 조심스럽게 건너가고 있다.

저산 돌아가면 개울이 흐르고 / 바람이 희롱하는 곳
자지러지는 저 웃음 웃음들 / 덩달아 흥겨워 재잘 이는 새들
나 그곳 빈손으로 촐랑촐랑 가리라

저만치 달려가는 샛바람 / 가다가 소리 없이 스러지면
나 또한 / 가다가 허기지면 옹달샘 들려
한 모금 물마시고 가리라

부질없이 차곡차곡 쌓아만 둔 / 가슴 속 욕망의 옹알이들
발끝에서 아우성 치고 / 머릿속까지도 와글대는
염치없는 것들 훌훌 벗고 가리라

물 맑고 / 우람한 공기 휘감아 도는
산 개울 바람과 입 맞추며 / 처연한 그 길을
천년 사연을 호연지기하며 가리라

–「홀가분하게」 전문

'무소유'는 욕심 많은 현대인들에게 엄숙히 주어진 화두이다. 지나치게 '나'를 추구하면 행복은 도망가 버린다. 모든 업(業)의 근원은 몸과 마음을 '나'라고 하는 하나의 그릇 안에다 가두어넣고 생

각하는 착각에서 비롯된다. 금시인은 '부질없이 차곡차곡 쌓아만 둔, 가슴 속 욕망의 옹알이들, 발끝에서 아우성 치고 머릿속까지도 와글대는 염치없는 것들 훌훌 벗고' 자연 즉, 맑은 물과 공기와 산 개울 바람에 입 맞추며 처연하게 호연지기하는 인생을 노래하고 있다.

금시인의 이러한 성향은 단순한 목월(木月)의 파토스(Pathos)적 경향으로만 볼 수는 없다. 늦깎이로 등단한 그는 오랜 인생 경륜에서 터득한 성찰과 깨달음에서 독자들에게 이성의 눈을 뜨게 하며 진실한 인생 좌표까지 제시해 주고 있기 때문이다. 이러한 무욕과 탈속의 호연지기 정신은 지난한 삶의 역경에서 터득한 초월자의 모습이다.

> 네 꽃잎 지기 전에 / 펄펄 끓던 자만, 솟구치던 욕망
> 지금 어디에 있는가.
>
> 네 여린 팔뚝에 앉아 / 하늘 파랗게 재잘대며
> 사랑이 아름답다 유혹하던 새들의 / 자유자재한 율동이 부러워
> 일탈하고픈 마음 사나워라
>
> 잡는 손 뿌리치고 / 유혹에 들떠 뒤 돌아보지 않던
> 너는 지금 어디에 있느냐
>
> 서툰 세월 앙탈한들 / 뒤 돌아보면 후회뿐인 것을
> 서둘지 말고 가자꾸나.
>
> -「지금이 평안인 것을」 전문

안분지족(安分知足)이나 안빈낙도(安貧樂道)는 우리의 선조 옛선비들이 즐겨 추구했던 처세 덕목이다. 어떠한 환경과 처지에서도 만족할 줄 알고 감사할 줄 아는 마음을 갖는다면 행복한 사람이다. 금시인은 전통적인 선비스타일이다. 그는 '잡는 손 뿌리치고 유혹에 들떠 돌아보지 않던 너는 지금 어디에 있느냐' 며 불특정 개체인 '너' 에게 질타하고 있다. 효용론적(效用論的) 관점에서 볼 때 이는 교시적(敎示的) 의미로 독자들을 의식할 수도 있으나, 아마도 여기서 질책의 대상인 '너' 는 작가 자신을 향한 질책이기도 할 것이다. 질문을 던지고 스스로를 돌아봄으로서 성찰과 반성의 경지로 들어서는 것이다.

금동춘 시인의 상생과 환경 사랑 정신은 유별나다. 작품의 곳곳에 생태 환경과 그 상실의 아쉬움을 드러내고 있다. 작은 것에서부터 상생과 공생의 시적 감성을 풍부히 드러내면서 도가(道家)의 생태학적 접근 방식을 취하고 있다.

칠읍산 자락 / 솔향기 가득한 아나톨레펜션
야생화가 고운 곳 / 나는 가을 자락에 서서
모기에게 내 피를 주고 알밤을 줍는다.

한 알 줍고 / 두 알 주워 / 자루에 담은 알밤
나 몰래 자루를 뚫고 도망을 친다.
자연은 / 내게 줍는 즐거움만 갖고
도망간 알밤은 야생을 키우라 하네.

스스로 / 못 벗는 욕망의 굴레
숭숭한 구멍으로 덜어 / 비움으로 공생의 뿌듯함을 주니
어찌 아니 즐거운가.

—「칠읍산에서 밤을 줍다」 전문

상생은 하나가 되는 것이다. 알밤을 줍는 즐거움으로 끝나지 않고 작가는 떨어진 알밤의 생명성과 공생의 의미성을 노래하고 있다. 일상의 보편성은 늘 한쪽 구석에는 상대적 연민성과 공허함을 지니고 있다. 사람들이 늘 즐기고 누리는 가운데는 이러한 상대성과 공허함의 역리 현상이 자리 잡고 있음을 작가는 이미 간파하고 있는 것이다.

일상에서의 보편성은 / 바람이 불면 그냥 휩쓸려서
휘는 대로 / 스스로 공허한 바람이 된다.

다행히도 / 솔잎 제 가지가 찢어지도록
우뚝 서서 / 바람막이를 자처해 버티면
바람은 잦아들고 평온이 깃든다.

내 격한 분이 / 사나움으로 몰아치면
다급한 문풍지는 틈새에서 / 비좁은 비명을 질러댄다 그리고
섬광처럼 내 이성도 눈을 뜨게 한다.

누구나 스스로는 아니라 해도 / 먼 산 메아리쳐 돌아올 때 쯤
상생은 역리와 순리가 / 둘 아닌 하나라는 것을 알아간다

–「상생은 하나가 되는 것이다」 전문

상생은 역리와 순리가 하나가 되는 것이다. 금동춘 시인의 생태환경시적 경향은 자연친화적 성향을 지닌 작가의 정신세계와도 관련이 많다. 작가는 인간과 자연과의 조화를 동경하며 인간은 자연의 품 안에서 상생을 도모하는 존재로 인식하고 있는 것이다.

이러한 그의 작시 경향은 이 밖에도 작품 「자연은 변함이 없는데」에서, '허구에 찬 / 문명 창달은 / 땅의 질량 매연을 뽑아내 / 자연 그 천혜의 에너지를 소진시키고 / 인간들 과욕한 흔듦이 / 흐름을 교란하니 / 이 자연이 어찌 순탄할 것인가.' 라고 탄식하고 있으며, 「설악(雪岳)의 눈물」에서도, '인간의 욕망이 찍어 내린 / 너의 발등에서 / 분노의 피가 이리도 처참하던가'하고 환경 파괴의 안타까움을 토로하고 있다.

모든 생명체는 자연과 더불어 살아왔고 앞으로도 자연과 함께 살아가야 할 것이다. 자연은 생명체와 유기적 관계에 있으며 그만큼 위대한 존재이다. 오늘날 인류의 관심은 특히 경제와 자원 개발에 쏠리고 있으며, 자연 파괴와 그 복원에 대해서는 하나의 슬로건으로 끝내버리는 수가 많다. 그러나 현자들은 자연 환경의 파괴가 인류 재앙의 다급한 문제라는 것을 이미 다 알고 있다. 문학 분야에서 소위 '생태시학(Ecopoetics)' 이란 생소한 용어가 생겨난 것은 이 때문이다. 이 방면의 문학 운동이 금세기 시문학의 최대 이슈로 등장하게 될 것이라는 사실은 의심할 여지가 없다.

금동춘 시인은 이러한 예지력의 소유자이다. 그는 자연에서 인간과 관련된 의미를 찾아내고 자연의 아름다움이나 생명력이 갖는 관련성을 거침없이 원고지에 옮겨놓는다. 금시인의 상생과 환경 생태시적 접근은 안일한 낭만만을 추구하는 현대시인들에게 하나의 경종이 될 수 있다.

금동춘 시인의 작품세계에 드러난 또 하나의 커다란 시맥은 '긍정적 삶의 자세' 이다. 흔히들 흥미로운 미적 결과물을 추출해 내기 위해서는 사물에 대한 '부정적 시각' 에서 출발하라고 한다. 사물에 대한 비판적 능력이 새로움의 창작 결과물을 창출해 낸다고 보는 관점이다. 금시인의 경우도 척박한 현실에서 비판적인 안목을 지니고 글밭을 일구어 내는 것은 마찬가지이다. 그러나 글밭을 일구어 가는 그의 작시법은 현실에 대한 증오나 비판보다는 역발상의 원리로 긍정과 감사의 향기를 풍긴다.

> 덜 깬 피곤을 달래어 / 잠에 취해 집을 나서면
> 가스냄새 / 쓰레기 냄새 / 역하여 마음은 답답한데.
>
> 앞선 담배연기는 / 목구멍에 가시로 걸려서 / 꺽꺽 멎을 것만 같은데
> 헐레벌떡 앞서려니 / 숨이 턱밑에서 깔딱거린다.
>
> 매연을 흩으며 / 질주하는 오토바이
> 코를 막고 / 숨을 길게 참아보지만 / 참은 만큼 더 깊이 든다.
>
> 문명이란 족쇄가 / 돌부리 화를 부추기니
> 붙은 등가죽 곧게 서는 / 분노하는 / 그 힘으로 산다.
>
> -「분노의 힘으로 산다」 전문

긍정적인 사고는 성공의 불을 켜는 스위치다. 이 시집의 제목이 암시하는 바와 같이, 「버려진 그들과의 화음」 속에는 작가의 긍정적 세계관이 커다란 시맥으로 자리 잡고 있음을 간파할 수가 있다.

금시인은 악취 나는 쓰레기장에서도 조화와 질서를 발견해 내며 그윽한 향기를 온몸으로 느낀다. 이러한 시적 성향은 그의 해맑은 시혼에서 우러나온 사물에 대한 긍정성 때문이다. 그렇기에 그의 글은 맑고 밝고 흠결을 거부하며 생명이 살아 숨쉬고 있다. 그는 역한 가스냄새와 쓰레기 냄새, 매캐한 담배연기, 숨을 멎게 하는 길거

리의 매연에서 분노를 느끼지만, 그 분노가 없으면 사는 재미와 맛을 잃는다. 다시 말해 분노하는 그 힘으로 살고 있는 것이다.

금 시인의 긍정적인 삶의 자세는, 작품「허상도 희망이다」에서 '허상에 희망을 싹틔우려 / 매미는 저리도 맹렬히 우는가보다'라고 읊조리고 있으며,「목련꽃 향기」에서는 객관적 상관물인 '목련꽃'에 대하여 '누가 / 향기 없다 하는가 / 그대 연분홍 그리움은 / 춘정이 빨갛게 물오르는데'라고 하며 무향(無香)의 사물에 향기로움의 의미성을 부여하였다.

이 밖에「애벌레의 꿈」과「능히 넘으리라」에서는 '부활'의지를,「우리 그날엔 그랬었지」에서는 '얼충이의 미소'를 '삶의 등불처럼 활활 타오르는 그대 생각'으로 승화시켰다. 이러한 일련의 시상 전개는 부정한 것, 보잘 것 없는 것들을 거기에 생명성을 부여하여 허상에서 희망을 창출해 내는 작가의 긍정적 인생관에서 우러난 결과이다.

흔히들 문학가가 되려면 시골출신이 유리하다라는 말을 많이 한다. 향토적 서정과 순수한 시상을 불러일으키는 데는 아무래도 대자연을 접할 수 있는 기회가 많이 주어진 편이 유리하다는 판단이다. 금동춘 시인의 고향은 경북 산골이다. 그는 시골에서 뼈가 굵었다. 그의 시에 나타난 애틋한 사모(思母)의 정과 고향의식은 그의 문학적 기반을 이루고 있음을 알 수 있다.

> 숲에 서면 / 천년의 물이끼 돌을 덮고
> 흙먼지 풀풀대는 / 내 고달픈 삶을 녹여
> 숲의 개울에 / 태고의 순수로 잦아드는
> 나는 한 덩이 자연이어라.

아 ! / 이제는 보이네.
산이 되어 / 인자가 되신 모습
우악한 나는 / 당신의 발을 꺾고 가슴을 후벼
화전을 일굽니다.

항상 그 모습 / 절뚝 절뚝이는 눈길로
검불 진 그 손길로 / "괜찮다" / 그러시는 어머니

오늘 하루만이라도 / 큰소리로 아프다 하시고
눈물 펑펑 쏟으소서.
이 자식 함께 / 사죄의 눈물 흘리오리다.
어머니 / 어머니

–「어버이 날」 전문

효심이 가득한 이 시에 나타난 어머니의 상(像)은 '자연'과 더불어 형성된다. 태고의 순수로 잦아드는 자연은 아마도 어머니와 관련된 고향의식과도 이어져 있으리라. 그러기에 시인은 어머니를 '산이 되어 인자가 되신 모습'이라고 표현하고 있다. 여기서 모정과 향수와 관련된 자연은 시상 형성의 양대 축을 이루고 있다.

금 시인은 인정과 향수의 시인이다. 그는 「그 시절 알람시계」를 통하여 향수를 달래고 있으며, 작품 「고향집 향수」에서는 '꿈결마다 나타나는 그리운 내 고향집, 골목길 옹기종기 토담집 햇살 가득히 스미는데 / 낙후동네 딱지 붙이어 세찬 바람으로 塵土되니 / 이 내 마음 아린 추억은 무엇으로 달래볼까'라고 읊조리면서 고향 상실감을 고백하고 있다. 낙후동네 딱지 붙인 쇠락한 고향에 들어서는 시인의 향수적 안타까움은 아마도 그의 시심의 한 쪽 구석에 자리잡아 생태 환경시에 접근하게 되는 계기가 되었으리라.

금동춘 시인의 작품 세계는 내용면에서 성찰과 깨달음으로부터 비롯된 주제의 선명성이 드러나 있을 뿐만 아니라, 표현 기교면에 있어서도 실감실정의 감각적 표현이 흘러넘친다. 중후한 60대의 노구에 걸맞지 않은, 섬세하고 세미한 묘사는 그를 '언어의 조련사'라 할 만큼 탄성을 자아내게 한다.

나뭇가지 사이로 / 아주 파란 하늘 여한인데
구름은 듬성듬성 다리를 놓아주고
기러기 훨훨 훠얼 훨 평화를 나르고,
부둥켜안은 기암괴석은 / 천년세월 부끄러운 줄 모르고
사랑에 취한 폭포수
기분 좋은 파안대소는 명쾌하네.

땅과 하늘 / 나무와 바위
오랜 풍상으로 걸쭉해 진 삶
비바람으로 얽혀 해로(偕老)할 때
복수초 노란 / 산비탈 잔설을 헤집고 나와
앙증한 자태는 / 곱디곱다 내게 뽐내고 있네.
–「노랑 복수초」 전문

1연에서 파란 하늘과 구름, 기러기와 폭포수 등이 어우러진 천연적인 배경을 제시하고, 2연에서 풍상에 섯거치며 해로한 땅과 하늘, 나무와 바위 사이, 산비탈 잔설을 헤집고 나와 노랗게 피어난 복수초를 묘사한 솜씨가 범상치 않다. 객관적 상관물의 시적 표현은 감정이입수법으로 이어진 의인화된 묘사일 때, 그 이미지가 더욱 선명히 나타난다. 필수적 부대 요소들인 배경으로부터 하나의 핵심 포인트인 노랑 복수초로 이어지고 모아진 이 작품에서 작가의 개성적인, 세미한 관찰력과 묘사력을 엿볼 수 있다.

금동춘 시인의 글에서 감지되는 또 하나의 감성적 요소는 풍부한 상상력이다. 그냥 지나쳐버리기 쉬운 버려진 사물들에서 작가는 무한한 생명의 소리를 듣고 그것을 스케치한다.

> 이른 새벽 / 가만가만 쓸다보면
> 애끓는 연서 한 장 샛바람이 희롱을 하고
> 죽이 맞는 소주병과 라면사발
> 취중담론이 우렁차다.
>
> 글쟁이의 몽당연필 / 덜렁이가 흘린 동전 한 잎도
> 모두가 반가운 친구들
> 보도블럭 틈새에 삐죽한 / 담배꽁초는 버티며
> 게으른 투정이 툴툴댄다.
> 아마도 / 버린 주인의 찌든 심사가
> 제 속 옹이 되었나보다.
>
> 넋두리가 지쳐가고 / 쳇증 풀린 아침이 발그레지면
> 오가는 사람들 / 무심한 눈길로
> 덜 깬 잠 보채며 이 길을 지나가리라.
>
> – 「버려진 그것들의 화음」 전문

이른 새벽, 길가에 함부로 버려져 있는 한 조각의 연서, 소줏병과 라면사발, 동전, 담배꽁초 등에 대한 묘사가 흥미롭다. 그것들엔 샛바람이 희롱을 하고 취중담론이 붙어 있으며 툴툴거리는 투정들이 살아 있다. 시인은 이름 없는 것들에게 이름표를 붙여주고 버려진 것들에게는 생명을 불어넣고 싶어 한다. 활유법이란 생명이 없는 무생물을 생명체로 둔갑시키며 인격이 없는 동식물에게도 인격을 부여하는 표현 기법이다. 금동춘 시인은 이러한 활유적 기법에 능하다. 그가 남달리 이러한 표현 기법에 충실한 것은 대상물에 대한 깊은 애정과 친밀감, 그리고 그에 대한 섬세한 관찰력과 그 본질을 꿰뚫어보는 통찰력이 있기 때문이다.

원관념의 딱딱한 외피를 파괴하여 참신한 상상력을 동원하면서 새로운 의미와 생명을 불어넣는 작시법, 이것이 금동춘 시인의 시적 에스프리(esprit)다.

소위 실감실정을 느낄 수 있는 시는 상황 묘사와 그 회화성에서 많이 좌우된다. 이러한 면은 금동춘 시인의 작품 세계에서 빼놓을 수 없는 특징 중의 하나다.

풋과일의 새큼한 향기 / 깊게 번져나는 젊음의 축제
교정엔 한껏 팽창한 웃음 / 탁구공처럼 통통 튀어 오른다.

삶의 어느 골짜기 / 긴 기적소리에 매달려
마음껏 휘어지던 / 지난 내 젊음이 소란스럽다

깊은 주름의 모정 / 딸과 카메라 앞에 서서
세월의 덮개 모처럼 활짝 벗고 / 찌개냄비처럼 보글보글 웃는다.

무심의 나는 / 이방의 그늘에서
덩달아 미소 지으며 / 싱그러운 젊음에 축하를 보낸다.

—「졸업식 풍경」 전문

이 글은 상황 묘사가 뛰어나 실제로 졸업식장에 서있는 듯 현장감에 빠지게 한다. '교정엔 한껏 팽창한 웃음이 탁구공처럼 통통 튀어 오른다'. '주름진 모정이 카메라 앞에선 세월의 덮개를 벗고 찌개냄비처럼 보글보글 웃는다'. 이러한 시구들은 상당히 감각적이며 실감나는 표현이다. 이방의 그늘에서 이러한 광경들을 목도하고 있는 화자는 먼발치서 싱그러운 젊음에 박수를 보내는 수밖에 없었을 것이다. 기타 「손자의 신발」, 「산사의 염불소리」, 「땀에 젖어 산을 오른다」등도 상황묘사가 뛰어난 작품들이다. 이러한 글들에서는 시상의 구체화, 형상화가 돋보여 생생한 현장감을 느낄 수가 있다.

이 밖에도 「원두막 새내기」를 비롯한 현대시조 11편과, 독선의 맹점을 지적한 「창문을 열어보라」, 정문일침(頂門一鍼)의 경각심을 드러낸 「꽃샘 추위」, 욕망을 향한 집착과 창조주의 섭리를 제시한 「양파껍질」, 신실한 신앙인으로서의 면모를 보여주는 「구원의 참사랑」등은 주목할 만한 작품들이다.

금동춘 시인이 버려진 것들에서 새생명을 발견해 내는 것과 같이, 시인은 '나무그늘의 뼈'까지도 발견할 수 있는 안목을 가져야 한다. '돌에서 피를 뽑아낸다'는 김수영의 말과 같이, 척박한 땅에서도 생명의 원형질을 추출해 낼 때, 작품의 가치는 더욱 생명력을 획득할 것이다.

금동춘 시인은 비록 문단 초년생인데도 여느 기존 시인 못지 않게 가슴에는 늘 시심의 불이 켜 있다. 논어(論語) 계씨(季氏)편에 '不學詩 無以言'이라 하였는데, 벌써부터 이토록 주옥같은 시편들을 탄생시킨 것으로 보아 남몰래 시에 대한 습작수련을 은밀히 하고 있었음에 틀림이 없다. 그는 작시의 달인, 언어의 조련사 품성을 지니고 있다. 금시인의 안중에 들어오면 나무도 숲도 흙더미도, 보잘 것 없는 무지렁이도 모두 생명이 붙어 숨을 쉬게 된다. 금시인의 노트에서는 이러한 다스림의 미학과 달관의 심성이 시적 자아의 모습으로 형상화되어 청아한 목소리를 내고 있는 것이다.

다만, 시어의 절제와 긴장미의 창출, 상징적 비유와 풍자적 수법의 도입, 변증법적 부정미학의 추구 등은 앞으로 금 시인이 자신의 시적 역량을 확대해 나아가야 할 과제이다.

시집 〈버려진 그들과의 화음〉은 금 시인의 농축된 체험이 녹아흐르는 맑은 영혼의 샘터요 울림소리이다. 이 한 권의 시집이 어둡고 음울한 현실을 밝게 비춰 주고, 독자들의 심금을 울려서 맑은 영혼의 소리로 만방에 흘러넘치길 바란다. 금시인의 역량으로 보아 앞으로 더 주옥 같은 명작들이 쏟아져 나오리라 기대가 된다.

남달리 깊이 있는 자아성찰과 현실에 대한 긍정적 세계관을 지니고 정진하고 있는 금시인의 해맑은 작시태도에 찬사를 보내며, 숨결 고운 시집, 〈버려진 그들과의 화음〉 상재를 진심으로 축하드린다.

신묘년 2월 10일

삼익(三益) 우거(寓居)에서, 효봉 이광녕

영혼의 평안과 교감하는 자성과 실존의 미학

금동춘 시인은 말수가 적고 과묵한 시인이다. 일찍이 이율곡 선생이 자경문(自警文)에서 '심정자언과(心定者言寡)'라고 하였는데 이는 바로 금동춘 시인을 두고 하는 말 같다. 금동춘 시인은 말수가 적은 대신 그의 작품세계 내면에는 시샘의 폭이 무변광대하고 그 표현 또한 꾸밈없이 자유분방하고 거침이 없다.

작가가 진정 글을 잘 쓰기 위해서는 한 인격체요 문인으로서의 바탕과 소양과 넓은 안목이 있어야 한다. 금동춘 시인은 이런 면에서 매우 안정되고 출중한 품격을 갖춘 작가이다. 경찰 출신에다 유도로 단련된 우직한 외모에서 어찌 그런 세미한 감성과 필력이 솟아나오는 것인지 그저 놀랍기만 하다.

금동춘 시인은 2011년에 〈버려진 그들과의 화음〉이란 제1시집을 낸 바 있다. 당시에도 금 시인은 인생 경륜에서 체험한 생활주변의 사연들을 천부적인 감성과 예지력으로 시심을 투사하여 진솔하게 엮어 놓은 바 있다. 이번에 상재하는 제2시집 〈달빛 그리움〉은 첫 시집 때와는 좀 다르게 사물을 꿰뚫어보는 안목과 지성이 한층 업그레이드된 모습이며, 만년에 들어선 인생 초월자의 모습으로 달관자의 심경에서 읊은 것들이 많다는 점이 특징이다.

아름다운 시심은 인생을 꽃피우는 하나의 샘물이며 그 표현의 집적체인 시집은 인생의 참 나이테요 족적이다. 일찍이 금동춘 시인은 경북 영양 시골에서 태어나 갖가지 곤궁함을 다 겪어낸 후, 영적 수양으로 극기하면서 갖은 인생 시련을 다 이겨낸 인간 승리자이다. 말수가 적은 금시인은 입과 머리보다는 눈빛으로 가슴으로 말하는 작가이다. 그의 작품 세계에 나타난 특징을 대표작 중심으로 살펴보기로 한다.

1. 시적 대상에 신선한 찬미의 이름표를 붙이다

작가가 사물을 대함에 있어서는 그 사물의 속성을 먼저 떠올리게 된다. 어떤 물건을 대하면 그 물건이 어떤 사람의 유형과 비교될 수 있으며, 어떤 유사성이 있는지 유추해 보게 된다. 이러한 현상은 소위 문학에서 '비유'라는 문학적 기법이 글 가운데서 얼마나 대상의 적합한 표현으로 활용되고 있는지 살펴보게 된다. 시인은 관찰된 시적 대상에 의미 부여의 이름표를 붙여주는 사람이다. 버려진 사물일지라도 시인이 비로소 어루만져주고 교감하여 찬미의 이름표를 붙여줌으로써, 그 사물은 다시 태어나 의미 있는 존재가 된다.

> 여린 너의 볼따귀 / 살짝만 스쳐도 상처 날 것만 같아
> 바라만 보았지
>
> 하낫 둘 선창에 / 셋 넷 후렴하는 입학식 대열
> 열 밖으로 삐져나와 / 개나리반 줄에 서던
> 그 아이
>
> 이 봄이 아직은 천방지축이라

꽃샘이 시려도 / 생글거리는 네 모습은

어디에 서던 / 채색하여 봄을 보드랍히는
진달래 꽃 아니겠니.

–「진달래꽃」 전문

작가는 표현하고 싶은 대상이 뇌리 속에 곡진하게 각인되어 있을 때, 그 대상에 대하여 더욱 선명하게 감성의 색깔을 칠한다. 이 글에서 화자가 떠올리고 있는 '너'는 과연 누구인가? 작가는 물 흐르는 듯한 유유한 필력으로 천진난만한 여린 모습을, '봄을 보드랍히는' 진달래꽃에 비유하고 있다. 어떻게 이렇게 우직한 사나이의 가슴에서 세미한 음성과 보드라운 감성이 솟아나올 수 있을까?

객관적 상관물의 존재적 가치는 사물을 보는 작가의 개성이나 인생관에 따라서 그 높이가 달라진다. 시인이 어떤 사물을 관조하고 자기만의 눈높이 잣대에 따라 어떻게 찬미하고 어떻게 묘사하느냐에 따라서 그 의미 부여의 농도에 차이가 나는데, 이 글에서는 여리고 생글거리던 그 아이의 모습에 농도 짙은 찬미의 이름표를 붙여줌으로써 정감이 가고 큰 감명을 준다.

수 천 수만 번 다잡았을
붓 끝이야 무슨 죄이랴
천의 휘둘림 솔솔 울어도 보았으리.

깜깜한 세월 / 억센 비바람
옴팍 젖어서 / 그 세월을
배냇저고리 하나로
견뎠었나 / 뻤었었나

연년세월을 뒹굴었을 / 돌덩이보다 더 가팔랐던
한 획의 오묘
백두는 장엄하고 / 강물은 도도하였어라.

–「묵향」 전문

보드라운 감성에서 나오는 세미한 음성은 사물의 특징을 관찰하는 데서부터 나온다. 묵향은 언제 만나도 그윽하다. 그 속에 선비의 한과 애환 그리고 꿈이 서려 있다. 그런데 그 묵향의 정서를 휘두르는 것은 천지조화를 불러일으키는 날렵한 붓끝이다. 그것은 때론 백두처럼 장엄하게 때론 도도히 강물처럼 유연하고 힘차다.

작가는 이러한 묵향예술의 특징을 잘 알고 있으며, 시상의 전개도 마치 일필휘지 붓끝을 휘두르듯 거침없는 필치로 일관하여 독자들에게 신선감을 제공해 주고 있다.

2. 영혼을 깨우는 자성(自省)과 실존 의식

금동춘 시인의 작품 세계는 일반 시인들에 비해 심오하고 무변광대하다. 그만큼 떠오른 시상에 대한 상상력과 추론의 폭이 크고 깊다는 이야기다. 작품에 사용되는 각종 시어(詩語)의 차용도 낯설고 생경한 것에서부터 일상적인 것까지 다양하고 변화가 많다. 이러한 현상은 금시인만이 가지고 있는 문학적 영감과 언어 재능의 탁월함도 있겠지만, 무엇보다도 험난한 인생을 살아온 그의 경륜과 역경에서부터 우러나온 사고의 확장이 시상의 폭까지 넓게 해준 것으로 짐작이 된다. 그는 즉감적 감성적으로 달구어진 시어를 휘둘러 영혼을 깨우는 자성과 실존의식을 잘 드러낸다.

한 줄기 빗물이 / 첫발 딛은 거기
그 땅의 생김새대로
한 주름 / 두 주름 땀샘 접어가리라.

솟구치는 / 객기를 고소공포증 난간에 달고
졸졸거리는 / 소갈머리 헤집어서
똥 귀저기 / 땟국물 다 털어내어

솔방구리 말똥구리
헐은 상처 / 햇살 한 줌 호호불어

첩첩 산중 물이 / 망망대해를 거느리듯
낮 뜨거운 몰염치 / 뿔난 옹벽도
거칠게 / 으깨리라

–「빗물은 고랑을 타고」 전문

금시인은 인생 고해의 강을 건너온 능숙한 언어의 조련사다. 그가 걸어온 인생역정이 그만큼 험난하고 변화난측했기에 그의 작품세계는 인생 달관자의 모습으로 자성과 실존의 철학이 넘나든다.

「빗물은 고랑을 타고」에는 부질없는 아집과 객기와 편협된 자아를 떨쳐버리고 '빗물'처럼 타고난 대로 생김새 따라 순응하면서 살아가고자 하는 강렬한 소망을 적합한 시어들을 사용하여 재치 있게 표현하였다. 땟국물 다 털어내며 소박하게 햇살 한줌 호호 불며 빗물 같이 강물 같이 흘러가면서 못된 뿔난 옹벽은 거칠게 으깬단다.

이 글에는 현실적 자아에 대한 성찰과 실존의식, 그리고 그에 따른 작가의 의지와 인생관이 잘 드러나 있다. 작품에 쓰인 시어나 비유의 농도도 강하고 적합하여 주제성이 강한 시, 좋은 시로서의 면모를 갖추고 있다.

> 새장에 갇힌 새가 / 내 번들거리는 눈길을 배배 거린다.
>
> 이보시오!
> 광명천지를 다 가졌는데 / 새장 속까지 기웃거리시나
> 님이 할퀸 / 내 날갯죽지에 흐르는 / 보신의 피 냄새를 흘금거리시나요.
>
> 단 수로 이어가는 생명들은 / 길에 누웠어도
> 빵 한 조각이면 / 살이 가 가뿐하다는 겸양을 갖추는데
> 아홉 수의 몸집으로 / 아홉 영혼이 욱신거린다. 툴툴거리시나
> 몸은 밖에 두어도 / 마음은 늘 새장 속이시겠구려.
>
> 내 비록 작은 공간에서 / 궁색한 몸집을 낮추고 좁히니
> 좁힌 평수도 널찍하여 / 남긴 평수로 믿음 소망 사랑을 묵상하고
> 기도로 채우니
> 몸은 새장 안에 두어도 / 마음은 늘 저 높은 창공을 거닐며
> 하늘은 스스로 돕는 자를 돕는다는 / 말씀을 경배하지요
>
> ―「긍정과 부정 사이」 전문

이 글을 읽으면 프란츠 카프카의 소설 〈변신〉이 떠오른다. 〈변신〉은 비현실적인 것을 현실 속의 사실로 설정하여 인간의 내면 불안과 고독감을 잘 그려낸 실존주의적 작품이다. 그런데 금 시인의 이 작품에서 '새장 안에 갇힌 새'에게로 감정이입 되어 둔갑하게 되는 관찰자 '나'는 벌레로 변해버린 카프카 소설 속의 주인공 그레고르의 입장과 유사하다.

이 작품은 모순과 욕심덩어리로 가득 찬 현실세계에 던져주는 멧세지가 강한 인상을 풍긴다. 작가는 안분지족(安分知足)할 줄 모르고 허황된 욕심을 부리는 자아와 현대인들의 삶을 의식하고 자성하면서 겸양(謙讓)과 순천(順天)의 태도를 강조하고 있다. 금 시인의 말과 같이 현대인들의 삶의 태도는 몸은 낮추어 새장 안에 두고 마음은 늘 저 높은 창공을 거닐어야 할 것이다.

주제의식의 반영을 위한 작품의 공간 설정이나 시어의 차용도 적합하여 매우 의미 있는 시로 평가된다.

3. 영성과 지성의 여울목에서

현대인들은 전통적 사고의 패턴과 실존적 현실 사이에서 인식과 사고의 충돌을 느끼며 살아간다. 무엇이 옳고 무엇이 그르며 어느 쪽을 따라가야 하는가는 오로지 현대를 살아가는 각자의 판단 몫이다. 그러나 분명한 것은 육신의 문제보다는 영적인 문제, 물질의 문제보다는 정신적 문제가 앞서야 한다. 그래서 겉으로 드러난 표상보다는 본질의 문제가 먼저이기에 감성은 지성에 의해 극복되고 지성은 영성으로 극복되어야 한다.

인간이 설정한 '진리'라는 것은 영원할 수 없다. 가치 기준이 바뀔 때 그것은 언제라도 바뀔 수 있는 진리다. 금동춘 시인의 여러 작품 속에서는 이러한 현대인의 고뇌와 의식의 갈등이 표출되고 있다.

오뚝한 코 / 봉긋한 가슴
실리콘의 탱탱한 발상은 / 애교롭더니

급속한 지구 온난화의 부음이 / 발라내고 끼워 넣는
추상적 한계까지도 넘는 / 탐미적 외형주의가

자아를 / 통째로 바꾸는
개똥별 줄기세포와 전자 칩의 동침은
혼외정사의 창생까지도 뻗쳤으니

태생적임을 역습하는
"예뻐야만 산다." / 는 정론이 허구라는
진화와 창조
그 모호성이 공생을 나누자네.

—「성형연가」 전문

이 글은 시상의 전개가 하나의 문장으로 이어져 있어 '문장 성형'의 필요성을 느끼지만, 전체적인 주제 의식은 선명하다.

내면의 치장보다는 외면의 치장에만 관심을 두는 현대인은 탐미적 외형주의가 대세다. 작가는 속사람보다는 겉사람만을 추구하는 세태 풍조를 일갈하면서 창조론과 진화론, 그리고 자연론(自然論)과 인위론(人爲論) 사이에서 혼란을 겪으며 그 모호성이 공생하자는데 의아심을 드러내고 있다.

일그러진 얼굴, 예상치 못한 안면 상해(傷害), 보기 흉한 반점이나 고질적 피부 질환 등, 현대인들은 크고 작은 의술에 의존하여 많은 사람들이 그의 육신에 손을 댄다. 창조 원리의 본질을 벗어나지 않은 범위 내에서, 원만한 사회생활을 영위하기 위한 성형이라면 '성형과의 공존공생의 논리'도 긍정적으로 생각할 필요가 있으며 합당하다 생각된다.

평등한 진리를 외침이여!
정각한 표본이 / 또 다른 부정의 칼날이 되어서는
아니 되네

물의 탯줄이
위로 솟구치지 않고 / 낮은 곳을 지향할 때

모난 곳에서 갈라서고 / 필연코 다시 모아지는
하나를 지향하는 / 슬기로움이었다는 것을

우리 / 그래야
함께 모여 살 수 있음을 / 잊지 않았음 좋겠네.

–「공존의 셈법」 전문

노자에 '상선약수(上善若水)'라 하였는데, 금 시인은 흐르는 물같이 성격이 원만하고 겸양의 미덕이 흘러넘치는 인품이다. 물은 언제 어디서나 낮은 곳으로 흘러 겸손의 덕을 의미하고, 생명 탄생의 근원이며 만물을 정화시켜 주니 물의 덕이야말로 최고의 경지다. 또한 낮게 흐르고 흘러 한 군데로 모여 큰 바다를 이루니 공생공존이 최고의 덕이다.

작품 「공존의 셈법」은 '공존'의 지향점으로 귀결된 금 시인의 대인관과 사상적 배경을 잘 보여 주고 있다. 모난 곳에서는 서로 갈라서지만 낮은 자세로 물처럼 다시 모이면 하나를 지향하게 되며 함께 살아갈 수 있다는 작가의 지성과 염원이 잘 드러난 시이다.

4. 향수어린 그리움의 귀거래사

금동춘 시인의 고향은 경북 영양이다. 그는 그의 인품과 작가적 성향으로 볼 때, 세상 번뇌를 다 떨쳐버리고 초야에 묻혀 농경과 글쓰기에 열중하는 선비 스타일이 제격이다. 평범하고 온화한 성품에 세상 탐욕이 없고 은일의 세계에 들어가 청아한 목소리로 이상향을 노래하는 전원시인이 바로 그이다.

빗물 괸 흙탕길을 / 소달구지 덜컹거려
농심이 거름 지던 고향 집 마당가에
이농(離農)의 썰렁한 취기에 풀 더미는 쑥쑥 일세.

메뚜기 포르르던 / 논두렁 밭두렁에
개구리 간 데 없고 농약냄새 비린데
노인이 경운기 몰고 해종일 밭을 가네.

우리 애 똥 쌌대이 워리워리 얼렁 오라던
통통한 울어무이 잔정어린 생소리를
저 솔에 부는 바람은 기억이나 하려나

– 「고향 흙냄새」 전문

이 글은 3수로 이루어진 현대시조이다. 1수에서는 고향집의 무상감을, 2수에서는 시골 논밭의 변화된 모습을, 3수에서는 어머니에 대한 그리움을 토로하였다. 시상의 전개로 보아 '고향집 → 전원 모습 → 어머니'로 이어져 있어 선경(先景) → 후정(後情)의 전형적 양상을 띠고 있다.

오랜만에 들러본 고향집, 세월은 덧없이 가고 시절이 하수상하니 요즘엔 메뚜기 개구리도 사라지고 산천은 파헤쳐져 옛 모습은 찾을 길 없고 인걸도 인정도 간 데 없어 그저 무상감만 흘러 실망하다가 발길을 돌리고 만다. 그러나 '수구초심(首丘初心)'이란 말이 있듯이, 눈 감기 전까지는 그래도 흙냄새 나는 고향을 또 그리워하는 게 인지상정이니 어느 시인인들 그 향수를 놓칠 리야 있겠는가?

잔기침 콜록 이며 겨울 밤 옹종이다
땅 밑 조갑증이 잔설을 망울 트면
춘풍을 쟁기 걸어서 농부는 밭을 가네.

백두에 불꽃 튀는 백팔번뇌 쟁기소리
해탈 심 깨우치려 고해를 버석 이며
종소리 뎅겅 뎅그렁 파종하는 저 농부

뇌성의 빈 그릇에 땀방울 쓸어 담아
열대야 더운 밤에 보듬어 틔운 씨앗
만추에 굽은 잔등 펴 농자대풍 이루네.

―「농부의 노래」 전문

이 시조에는 세상 무욕의 경지에서 해탈하며 쟁기질하는 농부의 삶의 모습이 잘 드러나 있다. 농사를 안 지어 본 사람이 어찌 이런 시상으로 작품을 창작해 낼 수 있겠는가?

한 때, 농사꾼이었던 금 시인이기에 이 글에서 땀 흘려 밭을 갈고 씨 뿌리는 행위는 시인이 공을 들여 시를 쓰고 그 작품의 결과를 기대하는 것과 상통한다. 예로부터 이러한 생각은 전원에 낙향한 선비의 안중에서 수없이 넘나들었을 것이다.

이 시조에서 '보듬어 틔운 씨앗'은 창작행위에서 갓 태어난 시 작품일 터이다. 그리고 '농자대풍'은 심혈을 기울여 창작해낸 풍성한 수작(秀作)들과 비유될 수 있으니 이 시조에 생명력을 더해주고 있다.

파닥거리는 / 새가슴에 산을 포갭니다.

잣방구리 개암이 / 툭툭 영그는
청빈한 외솔 골 / 바람이 어르다
애기똥풀에 잠이 스는

더덕 도라지도 / 더러 횡재하고
고래 백상어가 펄떡이는 / 그 산이
빽빽함의 덧에 갇혔다.

오늘 / 한 모금 해갈의 분량만큼
풀밭에 누워 파란하늘에
풍덩 날개 펴는 / 민둥산
그 산이 그립다.

–「민둥산 회심」 전문

세월이 흘러가면 지나간 것은 다 그리워진다. 그것이 즐거운 일이었든 힘겨운 일이어었든ㅁ 특히 고향과 관련된 추억들은 언제 어디서나 들어도 또 다시 그리워진다. 필자와 금 시인은 동갑내기로서 유아시절 6 · 25사변의 참상을 겪었다. 전쟁의 상처는 너무나 커서,

전후 이 나라의 산천은 말할 수 없이 황폐하였고 백성은 극심한 굶주림과 추위에 떨어야만 했다. 마땅한 땔감이 없어 산에 올라 가랑잎과 삭정구는 보이는 대로 죄다 끌어다 땠으며, 그것도 모자라 산림간수의 눈을 피해 나무 밑둥의 등걸과 풀포기까지 뿌리째 마구 채취하는 바람에 결국 산들은 다 벌거숭이가 되었다. 필자의 경우, 1 · 4후퇴 피난길에는 눈보라 추위를 참지 못해 청솔가지를 꺾어다 불을 땐 적이 있었는데, 그 때 생솔 타는 냄새와 꾸역꾸역 솟아오르던 연기의 추억이 지금도 어렴풋하게 떠오른다.

윗글 「민둥산 회심」에서처럼 배고픈 아이들은 민둥산을 누비며 그나마 숨어 있는 더덕이며 도라지로 허기진 배를 달래곤 하였다.

지금은 상전벽해 되어 발을 들여놓기조차 어려운 울울창창한 숲의 산… 녹음이 우거져 생태계가 다시 활력을 찾은 건 참으로 다행한 일이지만, 푸르른 날개를 달고 이 산 저산 민둥산 자락을 누비던 동심의 추억은 세월의 희미한 뒤안길로 사라져버렸으니, 금 시인으로서도 그립고 아쉬운 마음 감출 수 없었을 것이다.

5. 인생의 회한과 순명의식

인생의 참 행복은 언제나 꿈과 현실로 평가된다. 꿈은 늘 밝은 얼굴이지만 현실은 대개 어두운 표정을 짓는다. 그러나 인생의 참 가치와 행복은 느끼는 자의 눈높이나 가치관에 따라 다르니 겉으로 드러난 '행복지수'는 사실 허수에 불과하다. 마음먹기에 따라 불행은 행복이 되고, 행복도 불행이 된다. 그래서 노자에 '화혜복소의(禍兮福所倚)'며 '복혜화소복(福兮禍所伏)'이라 하였다.

우리 앞에는 언제나 새로운 다리가 놓여진다는 걸 잊고 살아가지는 않았는지 반성해 봐야 한다. 다리 저편에는 새로운 꿈의 무대가 펼쳐져 있기에 우리는 힘겹지만 긍정적인 가치관을 허리에 차고 고해의 다리를 건너가야 한다.

인생 고해의 다리는 너무나 힘겹고 풍랑이 심하여 건너기 어렵다, 그러나 금 시인은 이러한 실존 앞에서 머뭇거리고 갈등하고 있는 자아를 발견하고 늦은 후회를 하면서, 순명(順命)의 용기로 자아를 위로하며 현실을 극복하려고 애쓰고 있다.

대팻밥으로 깎이는 / 내 할애 받은 시간들
먼 산 바라기로 녹슬어 / 푸석거린다.

고갯마루 나무는 / 드센 바람의 토악질에도
흥을 돋워
가지 몇 뚝 잘랐어도 / 노익장이 웅장하다는데

내 자유로움이 / 무어 부족하여
멈칫거리기만 하나

험한 빙산 거센 풍랑 까짓 거야
소잔등에 올라 / 원앙소리 쩌렁쩌렁
고삐 움키면 / 내 비곗살도 헐거울 것을

－「늦은 후회」 전문

작가 금 시인은 남은 인생을 "할애 받은 시간"이라 조심스럽게 칭한다. 그러나 비록 녹슬어 푸석거리는 존재이지만, 고갯마루 노익장을 자랑하는 나뭇가지를 닮아가려 애쓰며 머뭇거리는 자신을 채찍질 하고 있다.

금 시인은 인생 고락의 경륜이 많고 사유의 깊이도 크고 심오하며 긍정적인 사고를 지닌 영적 소유자이다. 그러기에 그는 「늦은 후회」를 통하여 세상적인 허울을 벗고 소잔등 타고 원앙소리 울리는 평범한 범부로 돌아가 고삐를 바짝 움켜쥐면, 인생길에 어떤 빙산이나 거센 풍랑이 닥쳐와도 끄떡없이 이겨낼 수 있다고 토로하고 있다.

> 마라토너의 심장박동이 / 뛸까 말까
> 4박자 호흡을 연신 고른다.
> 숫한 경기마다 / 꼴지의 완주에도 대견해 하는 만년가장
>
> 삶은 그런 것 아닐는지 / 일등 한번 못해도
> 부자 한번 못 되도 / 밧데리 다 할 때까지는 견뎌내야 하는 것이
> 초침의 순명인 것을
>
> 방전 다한 할아버지는 / 어김없이 건물 안으로 들어 와
> 눈먼 부자 한 닢 횡재하려나. / 아님 곧 멈출 초침의 차표라도 사려나
> 자판기 반환키를 눌러보는 / 눈망울이
> 텅 비었다.
>
> －「노인과 벽시계」 전문

이 글에는 작가의 순명의식이 잘 드러나 있다. '꼴지의 완주에도 대견해 하는 만년가장', '일등 한번 못하고 부자한 번 못된' 존재이지만, 밧데리 수명 다할 때까지 견뎌내야 한다는 의지가 시상 전개의 골간을 이루고 있다. 하지만, 때가 되어 수명을 다하는 순간이 오면 곧 멈출 초침의 차표를 사야한다는 순명의식이 노인답고 초월

자답게 제시되어 있다.

순명과 운명은 다르다. 순명은 하늘의 명령에 능동적으로 순종하는 것이고 운명은 예측이 불가능하며 인간의 힘으로 어쩔 수 없는 불가항력적 필연의 결과를 말한다. 인생은 다듬고 만들어가는 것이지만, 그 길은 한편 정해져 있기에 운명을 피할 수는 없다. 그러나 지성이면 감천이라 하였듯이, 금 시인은 밧데리 다할 때까지 최선을 다하여 순명하면서 진인사대천명(盡人事待天命)의 자세로 운명에 대처하면, 축복의 미래는 도래할 것이라 굳게 믿고 있다.

지금까지 금동춘시인의 제2시집 원고 〈빗물은 고랑을 타고〉에 상재될 원고들을 읽고 그 대표가 될 만한 시들을 선정하여 개괄적으로 시평을 하였다.

작가 금동춘 시인은 신앙인으로서 그 품성이 조용하고 겸손하며 긍정적 사고를 지닌 영적 리더이다. 시인으로서 시 창작에 있어서도 남다른 열정과 습작으로 모범을 보여 '작시의 달인', '언어의 조련사'라는 별칭이 붙어 있다.

이번에 상재되는 제2시집 〈빗물은 고랑을 타고〉에는 영혼의 평안과 교감하는 자성과 실존의 미학이 중심을 이루며, 자아성찰을 바탕으로 한 상징적 비유와 풍자적 기법이 두드러지고 농축된 인생 경륜이 사금파리처럼 반짝반짝 빛나서 큰 감명을 준다. 이 시집을 통하여 금 시인 특유의 해맑은 영혼의 목소리가 독자들의 심금을 울려서 잠든 영혼들을 흔들어 깨워 주리라 믿는다.

2016년 1월 3일

김성덕 시조집, 『회복기의 노래』 작품 평설

순수시혼의 샘터에서 우려낸 부활의 꿈

김성덕님의 아호는 시천(詩泉)이다. 가슴 속 깊은 곳에서 시혼의 샘물이 온천수처럼 흘러나올 것 같은 시인이다. 어릴 때의 아기자기한 추억거리들을 동심의 세계로 돌아가 시화(詩化)시켜 놓은 필력으로 보아 순수함의 정서가 가슴 속에 늘 서려 있는 해맑은 영혼의 소유자다.

시인은 시인일 수밖에 없는 천성을 지니고 있다, 일찍이 강원도 영월에서 성장하여 감자바위 샘물만 먹고 자란 토종인 김 시인은 비록 문학과는 동떨어진 공업학교 출신이지만, 그는 인생을 한 편의 글로 보며, 시가 좋아 시문(詩門)에 들어서서 남은 여생을 문학의 길로 유턴할 수밖에 없었다. 김 시인은 2남2녀의 장남으로서, 장남으로서의 책임과 무게 때문에 내자(內子)나 동생들에 대한 연민의 정이 그 누구보다도 두터워 마음속이 늘 아리기만 하다. 남편 역할, 가부장의 역할을 따뜻하게 해주지 못한 자책감에 참회의 뜻을 비추어 이 시조집의 제목도 새 출발의 의미로 '회복기의 노래'라고 하였다.

김 시인은 이 시조집 발간을 계기로 아마도 인생을 재충전하고 새로운 도약의 계기를 마련할 것이다. 그는 남달리 인정이 두텁고 순수한 영혼과 문학에 대한 열정이 뛰어나기에, 그 기름진 정신적 토양 위에서 인생 2모작의 풍성한 보람과 문학적 성과를 거두리라고 본다.

1. 문사(文士)로서의 창작 의지

김 시인의 시는 억지로 꾸민 흔적이 없다. 그저 맑은 영혼에서 우러나오는 진솔한 고백이다. 맹자(孟子)에 '대인(大人)은 적자지심(赤子之心)'이라 했듯이, 그의 시는 어린 아이의 천진한 눈과 손으로 빚어 만든 근사한 토우(土偶)다. 가스보다는 장작불을 좋아하고 시멘트벽보다는 토담을 좋아하는 스타일이다. 그래서 그의 시 전반에 나타나는 색채는 다가서기 좋을 만큼 솔직하고 소박하다.

A

첫 시조집 한 권 내려
아내와 밀고 당겨

끝내는 이겼지만
안타깝게 무릎 꿇네

사십년
주객(酒客) 여정이
한 순간에 무너지네.

–「금주(禁酒)」 전문

B

인고의 오랜 소망 촛불 밝혀 열어 놓고
향나무 연필 깎아 원고지를 메운다

마음 밭 이랑마다엔 시심(詩心) 한 줄 뿌리며.

팬혹 어린 손마디로 글이랑 쓸어가며
산새벽 루른 박명(薄明) 손끝으로 만져보면
시향(時香)은 바람을 타고 하늘 허공 가른다.

비로소 여기저기 실눈 뜬 시어(詩語)들
청아한 이슬처럼 맑게 씻어 놓으면
소쩍새 긴 울음에도 새벽별은 뜨는가.

고요히 눈 감으면 내 안에도 꽃이 핀다
백목련 그 숨결로 내려 앉은 사월 뜨락
침내 시(詩)의 아침엔 잎새마다 환하다.

–「아날로그 시인의 영토」 전문

글 A를 읽으면 시조집 한 권을 내기 위해, 아내와 밀고 당기는 흥정을 한 것을 알 수 있다. 아내는 글 좋아하는 남편의 심정을 이해하면서도 쉽사리 호락호락 응해 주지 않는다. 이번 기회에 별러오던 40년 음주악습을 뿌리 뽑으려는 아내의 마음이다. 금주(禁酒)를 조건으로 제시한 아내에게 꿈에도 그리던 시조집 탄생을 그려본다면 어찌 손사래를 칠수 있으랴! 지는 게 이기는 것이라 하였으니, 분신(分身)과 도 같은, 출간될 새 책의 얼굴을 그려본다면 건성이라도 그리 약조를 해야 할 판이다. 그동안 정들여 차곡차곡 모아둔 옥고들이 옹기종기 미소짓고 있는 자신의 시집을 탄생시키는 것은 시인의 큰 소망이다. 참으로 재미있는 광경이다. 김 시인은 이러한 극적 상황을 아주 쉽고도 간명하게 훌륭한 단수 시조로 묘사해 내었다.

글 B는 김 시인의 작시풍토를 서사적인 시상전개에 따라 살펴 볼 수 있는 좋은 경우다. 시를 짓는 일이 어찌 그리 마음먹은 대로 쉽사리 잘 되는가! 인고의 오랜 세월 동안 거친 마음 밭에 씨 뿌리고 거름 주고 궁구하고 익히고 다듬어서 내놓아도 마음에 들까 말까 다. 그런데 이글의 서정적 자아는 디지털(Digital) 시대의 아날로그(Analogue)다. 첨단 미디어 시대에 아날로그는 퇴물에 불과하다. 그러나 어설프지만 '펜 혹 어린 손마디'로 글 이랑을 갈다 보면, 때로 시향(詩香)을 만나 시어들이 실눈 뜨고 명작의 꽃이 피고, 시의 뜨락이 풍성해지기도 한다.

김 시인은 아날로그 영토의 주인이다. 김 시인의 영토에는 첨단농기는 없으나, 아직까지 정겨운 호미가 있고 낫이 있고 삽이 있다. 그는 현대인들의 필수 통신수단인 이메일도 많이 즐기지 않는다고 한다. 아마도 아직까지 옛날 쓰던 원고지며 끼워 쓰는 펜촉이며 잉크를 벗하고 있는지도 모른다. 그러면서도 그는 풍성한 영토의 주인으로 명시(名詩)과 여유와 행복을 거둬들이고 있으니, 진정 축복받은 존재가 아닌가?

2. 잔잔한 추억과 향수의 파노라마

마음이 여리고 진실성이 짙은 사람들이나, 성장하여 상처가 깊은 사람들은 나이가 들어서 어릴 적 동심의 세계로 되돌아가고 싶은 마음이 간절하다. 거기에는 순수가 있고 정겨움이 있고 안온함이 있으며, 끈끈한 추억이 잠겨 있기 때문이다. 문학은 추억을 먹고 산다. 그래서 어릴 적의 아기자기한 시골 추억을 많이 지닌 사람들은 글의 밑바탕 소재가 풍성하기에 문인(文人)이 될 소지가 많다.

김 시인은 이번 첫 시조집을 내면서 어릴 적 시골 놀이의 대부분과 계절의 감각을 잘 그려 놓았다. 잊혀지기 쉬운 꿈같은 옛 추억을 글로 담아두는 것은 시인들의 몫이요 전통 정서 계승의 일환이기도 하기에, 이러한 작시법은 상당히 의미가 크다.

A

어린 날 놀이 중에 / 으뜸가던 구슬치기 //
맞추고 구멍에 넣고 / 흔들고 던지면서 //
가난한 60년대를 / 알알이 굴려온 삶.

아버지가 가져오신 / 반들반들 쇠꼽다마* //
구슬치기 놀이에선 / 최고인 왕중의 왕 //
아이들 / 줄줄이 따를 때 / 으스대며 걸었다.

– 「추억에서」 (14) – 구슬치기 전문

* 쇠꼽다마 : 베아링의 내륜을 꺼낸 원형 기계부품의 일종

B

잎 떨친 떡감나무 / 몇 개 남은 까치밥이//
저녁놀 덧칠하여 / 더욱 더 농익으면 //
북풍도 / 고샅길 돌아 / 초겨울을 맞는다.

또 한 해 가는 세월 / 무심코 달을 보니 //
적막한 밤하늘에 / 울며 가는 기러기 떼 //
눈 감아 / 애잔한 마음 / 호롱불에 잠긴다.

– 「입동(立冬)」 전문

C

겨울 마중 나갈 무렵 갈숲에서 길을 잃어

세상으로 오는 길에 발목마저 잡혔나봐
첼로의 낮은 음계로 현을 타는 바람아.

무시로 칭얼대는 들판의 바람소리
수묵빛 어둠 헤쳐 걸어온 에움길*로
무수히 빛을 뿌리며 돋아나는 별들아.

그리움 깃발되어 나부끼는 구름 저편
억새는 갈증 풀어 다단조로 서걱이고
탱탱히 영글고 있는 내 영혼의 빛 보라.

–「십일월의 노래」 전문

* 에움길 : 굽은 길

글 A는 어릴 적 어린이들이 제일 많이 즐기던 구슬치기 놀이를 소재로 하여 동심의 경지를 쓴 연시조다. 구슬치기 놀이할 때, 유리제품인 구슬은 잘 깨지고 가볍다. 반면에 쇠구슬(베아링 알)은 절대 깨지는 법이 없고 묵직하여 구슬 중 왕중의 왕이지만 구하기가 어렵다. 동심의 세계에서는 돈보다는 놀이왕이 최고니 아버지가 구해다 준 왕구슬을 갖고 있으니, 어찌 그 어깨가 으쓱하지 않겠는가? 이 글에서는 어렵고 곤고한 60년대를 순수한 동심의 세계로 이겨내 온 작가의 삶의 모습이 회상기법(Method of retrospection)에 의해 잘 나타나 있다.

글 B와 C는 작가의 체험 상에 나타난 계절적 시상을 문학적 기법에 의해 형상화시켜 놓은 연시조다. 시조의 명칭은, 그 유래가 "시절가조(時節歌調)"에서 연유되었으니, 어찌 절후(節侯)에 대한 노래가 없으랴! B에서 시인은 입동의 계절적 감각을 회화적 기법과 감정이입 기법에 의해 문학성 있게 잘 표현해 놓았다. 첫 수에서 '떡감나무 몇 개 남은 까치밥이 저녁놀 덧칠하여 더욱 더 농익었다'라는 표현은 상당히 수준 높은 회화적 기법을 적용한 예이며, 둘째 수에서는 한 해를 떠나보내는 시인의 애잔한 마음을 '울며 가는 기러기떼'와 같은 감정이입 수법으로 잘 그려내었다.

글 C는 겨울 마중 나갈 무렵, 갈 숲에서 길을 잃은 서정적 자아의 모습이 '에움길'을 벗어난 별빛으로 환치되어, 그리움의 깃발을 나부끼면서 계절의 갈증을 풀고 탱탱히 영글어가고 있는 영혼의 이미지로 그려내고 있다. 전체적인 시상의 전개가 11월의 쓸쓸함과 을씨년스러움에서 벗어나 오히려 탱글탱글 영글어가고자 하는 자아의 생명 복귀 의지를 드러내고 있다. 이러한 시적 발상은 흔히 누구나 다 말할 수 있는 통상적인 계절감각과는 동떨어진 생명의식을 추구한 것으로서, 시인의 해 맑은 영혼에서 우러난 긍정적인 인생관과도 연관성이 있다 하겠다.

D

몰몰이골 오솔길을 친구들과 걸어갈 때
라일락 산철쭉은 향기 뿜어 반기우고
그 옛날 어린 꿈들이 둥지 쫓아 머무네.

꿈이여 다시 한번 되뇌이고 싶은 나이
벗들이 함께 하니 삼십년은 젊어지고
추억은 세월을 건너 물물이골 흐르네.

야광나무 굴참나무 나그네 잠시 세워
단종의 애섧은 마음 새기고 가라 하니

그 어린 임금의 눈물 가슴 속을 적시네.

－「몰몰이골 연가」 전문

E

어릴 적 전해 들은 어머니 고향에 와
초로(初老)의 부부되어 낯선 길 들어서면 //
만개한 / 벚꽃 가로수 / 일렁이는 봄 마음.

남실대며 살랑이는 육십리길 유람선에
무리져 한낮 즐기는 갈매기 재잘거림 //
바닷물 / 비린 포말이 / 나그네를 반기네.

작약도 영종도도 꽃잎 품은 섬들인데
지나온 세월들이 허물되어 떠나가면 //
꿈 같은 / 아라뱃길이 / 지척으로 열리리.

－「서해안을 가르며」 (2) － 월미도에서 전문

채송화를 보려면 무릎을 꿇어야 한다. 김 시인은 자연과 사물을 존중히 대하며 경배하는 자세로 임한다. 그래서 그의 글은 늘 낮은 자세로 대상물을 높이 보고 있다.

글 D는 영월 몰몰이골의 그리운 옛 추억을 표현한 글이다. 발걸음을 돌아보니 그 옛날 친구들과의 어린 꿈들이 둥지 틀어 머물러 있고, 추억은 세월을 건너 물길 따라 젊은 시절로 돌아가지만, 나이 어린 단종의 비화가 서려 있어 가슴 한켠에 눈물로 젖어든다. 어릴 적의 아름다운 추억과 비화가 엇갈리는 심경이다.

글 E는 시인의 고향이 아닌 어머니의 고향을 찾아든 감회이다. 초로(初老)의 몸이 되어 오랜 만에 들른 어머니의 고향 월미도! 바닷물 비린 포말이 나그네를 반기지만, 아직까지 아라뱃길이 시원스레 뚫리지 않아 안타깝다. 작약도, 영종도도 꽃잎 품은 섬들인데 어찌하여 아라꽃길은 열리지 못하는가? 어머니의 고향은 아들의 고향! 마음의 고향을 찾아 나서는 시인의 마음이 간절하기만 하다.

김 시인의 글은 주변의 평이한 소재들을 선택하고, 그것을 평이한 서술로 쉽게 전개시킨 것들이 많다. 예기(禮記)에 '대악필이(大樂必易)'라고 하였다. 노래도 위대한 것은 반드시 쉽다는 뜻인데 시와 노래는 같은 유형이므로, 시도 잔꾀 부리지 말고 쉽게 쓰는 것이 최고라는 뜻이다. 요즘의 일부 시인들이 괴이한 시어들을 차용하여 현학적 (衒學的) 자세로 어렵게 써서 독자들을 혼란시키는 경우가 많은데, 이를 경계하는 말이다. 김 시인의 글은 억지로 꾸민 흔적도 없고, 굳이 거추장스런 용사(用事)도 끌어오지 않았으며, 고도의 문학적 기교를 일부러 구사하려 들지도 않았기에 그 글의 가치 평가도 그런 맥락에서 살펴볼 필요가 있다.

김시인은 이 밖에도 「운동회와 짜장면」, 「동동구루무 장수」, 「공말타기」, 「쥐불놀이」, 「연날리기」, 「땅 뺏기 놀이」, 「자치기」, 「딱지놀이」등 순수한 동심의 세계로 돌아가 추억의 그 옛날을 원고지에 되새겨 놓았으며, 계절의 감각도 「겨울 우산동」, 「눈오는 날」, 「가을편지」, 「처서무렵」, 「5월의 찬가」, 「우수(雨水)」, 「소만(小滿)」, 「춘분(春分)」 등을 시화하여 자연 속에 순응해 가는 자아의 모습을 그려 놓았다.

3. 가족에 대한 애정과 도타운 인정미

김 시인은 첫 시집 〈꽃등〉을 낸 이후 3년 만에 첫 시조집 〈회복기의 노래〉를 낸다. 그는 시인의 말에서 탕진해버린 지난 세월들에게 미안하고 죄스러워 참회하는 마음으로 이번 시조집을 낸다고 하였다.

왜 그런 고백이 나왔을까? 누군들 인생을 마음먹은 대로 보람차게 살아왔다는 고백이 있으리요만, 김 시인의 경우는 사회적인 지위나 바깥일에 대한 후회를 염두에 두기보다는 장남으로서의 막중한 책임 속에서 오로지 생활전선에만 매달려 땀흘려 살아오다 보니 가족들을 소홀히 하게 되었고, 그 소홀함이 이제 와서는 죄송함으로, 참회의 몫으로 남아 있다라는 뜻이리라. 그래서 그런지 이번 시집에는 남달리 아내와 가족에 대한 애정의 노래가 많다. 이러한 시인의 의중은 전반적인 시 전체를 관류하는 커다란 줄기요 맥락으로 형성되어 있다.

A

빗발치던 총탄세례 상처뿐인 영천 전투
육군상사 울 아버지 부상 투혼 사를 때에
어머난 아별의 아픔 껴안으며 사셨네.

쓰러진 시체 멀리 후송차에 실려 가며
전우 이름 하나 들 안타까이 불러 볼 때
화(砲火)는 안개의 강 건너 불바다를 이뤘네.

빛바랜 사진첩엔 일등상사 장한 모습

어릴 적 딱지놀이 계급 중에 으뜸이던
영광의 특무상사여 추억 속의 그이름

– 「낙동강의 별」 – 아버지 묘소에서, 전 5연중 제 3, 4, 5연

B

막내로 자랐어도 / 경우 밝고 용감하다 //
자상한 남편에게 / 신앙의 힘 심어주고 //
오늘도 / 바람이 되어 / 하늘 끝에 머문다.

– 「쑥부쟁이」 – 작은 누이, 전문

C

늦둥이 거두고자 부모 자리 스무여 해
마디마디 맺힘 말씀 한소쿰 눈물인데//
객지에 / 두고 온 막내 // 둘러 봐도 빈 자리.

기숙사 뒤로 하고 모퉁이 돌아 올 때
이별 아닌 이별이라 허전함 밀려오고 //
가슴 속 탑 하나 쌓으며 / 떠나오던 그날 밤

휴대 전화 영상 보고 그리움 삭혀 봐도
화인(火印)인 듯 새겨 놓은 애잔함 풀지 못해 //
산 넘어 / 돌아서 웃는 / 상현달도 미워라.

– 「막내의 자리」 전문

김 시인은 정이 많고 인정미 넘쳐흐르는 인격의 소유자이다. 그는 성품이 소박하고 돈후하여 이웃에 대한 정이 매우 깊으나, 특히 가족에 대해 사랑하는 정은 매우 극진하다.

글 A에는 6.25전투로 호국 영령이 되신 아버지에 대한 그리움이

절절히 나타나 있다. 계급놀이 딱지치기를 하면서 육군특무상사이셨던 아버지의 모습을 그리며 계급 중에 으뜸이라 위안해 보지만, 이미 '낙동강의 별'이신 아버지를 뵈올 수는 없다. 아버지에 대한 혈육의 그리움이 절절한 글이기에 꾸밈이 없이 진솔한 표현으로 일관하였다.

글 B 는 쑥부쟁이로 비유된 막내가, 목사 부인으로서 남편을 섬기면서 하늘 향해 꽃 피어 있는 모습을 사랑의 감성으로 그려 내었다. 글 C도 막내를 생각하는 김시인의 사랑이 문학적으로 아주 감명 깊게 형상화된 수작(秀作)이다. 부모 대신 자리를 지키고 동생들을 돌보고 있는 장남은 기숙사에 두고 온 막내가 그리도 안쓰럽다. 그 사랑하는 동생을 두고 왔기에 사방을 둘러봐도 다 허전하고 빈자리다. 여기서 '가슴 속 탑 하나'는 무엇인가? 바로 동생에 대한 애련한 그리움의 탑이다. 그래서 산 넘어 돌아서 웃는 상현달도 밉다고 한다.

D

살면서 아옹다옹 / 다른 것이 많았는데 //
생각을 돌려보니 / 같은 것이 너무 많네 //
오늘밤 / 열어본 당신 / 내 안의 방 와있네.

– 「아내」 (5) – 마음의 방 전문

E

남편은 시적(詩的)이고 / 아내는 소설적(小說的)인 //
남편은 정리형에 / 아내는 개방형인 //
달라도 꽤 달랐지만 / 극과 극은 하나였다.

– 「아내」 (7) – 이심동체 전문

글 D와 E는 각각 단수로 지어진 시조인데, 그 주제를 관찰할 때, 두 수로 이루어진 연시조 하나로 통합 할 수 있는 글이다. 남편과 아내와의 관계를 '이성지합(二姓之合) 만복지원(萬福之源)'이라 하였지만, 어찌 부부일심(夫婦一心)이 그리도 쉬운 일인가? 시인은 E에서 남편은 시적이고 정리형이며, 아내는 소설적이고 개방형이라 하였는데, 바늘이 실을 따라간들 어디 그대로야 하나가 되겠는가? 꿰어야 한 몸뚱이가 되는 것을! 그래서 시인은 종장에서 '극과 극은 통한다'는 우주 철학론을 제시하면서 긍정적인 부부관을 피력하고 있다.

F

시집 와 선 뵌 솜씨 한 올 한 올 드린 정성
온가족 훈훈한 정, 가슴 속에 스며 들어 //
올마다 깃든 사연이 눈물 이슬 맺혔네.

늦가을 모과향이 뼛속까지 사무쳐서
승용차 앞자리에 듬성듬성 짜 논 망(罔)이 //
그 옛날 / 풋풋하던 꿈 / 나비 되어 앉았네.

세월 따라 엉킨 설움 풀어 볼 날 언제인가
그리움 묻은 손길 곡진한 추억인데 //
노을 빛 / 타는 강물이 / 혼자 깊어 웁니다.

–「아내의 뜨개질」 전문

G

아내의 고향은 머나먼 은하계(銀河界)라
하계(下界)로 내려와 사십년을 살았건만

하늘로 향한 마음은 언제나 간절하다.

한여름 더위에도 집을 짓는 위버새*처럼
토요일 공휴에도 세탁방에 저당 잡혀
삼복의 고된 나날도 숙명처럼 사는 아내.

반환점 돌아보면 구비쳐 아득한 길
질곡의 어둔 세월 인내로 다스리며
눈물로 진주를 빚는 마음 착한 직녀여.

–「직녀(織女)의 여름일기」 전 5연 중 1~3연

*위버새 : 열대지방에서 베 짜는 새로 이름 붙여진 새

글 F와 G는 아내에 대한 곡진한 사랑을 각각 연시조로 읊어나간 것이다. 글 F에서는 아내의 뜨개질 솜씨에 묻어 있는 정성을 안쓰러운 마음으로 바라보고, 인고의 세월 따라 엉킨 설움 풀어 볼 날을 고대하며, '노을빛 타는 강물'에 자신의 심정을 투사(投射, projection)하여 마무리 지었다.

글 G는 질곡의 어두운 세월을 인내로 다스리며 현실의 고된 나날에 저당 잡혀 숙명처럼 살아가는 아내의 측은한 모습을 보고, 그 고귀성을 천상에서 내려온 '직녀(織女)'에다 비유하여 시상을 전개시켜 나갔다. 이러한 시적 전개는 작가 내면의 측은지심(惻隱之心)과 같은 애정적 바탕이 없으면 불가능한 것이며, 아내사랑의 극치를 보여주고 있다.

위의 글 D~G에 나타난 부부의 금슬과 쌓아놓은 사랑탑은 그 표현 내용으로 보아 정성이 곡진하여 타의 귀감이 되며, 문학적 공감을 사기에 충분하다. 특히, F와 G 두 시조는 적합한 비유와 유연한

흐름으로 시상을 전개한 솜씨가 범상치 않아 훌륭한 작품이라고 본다.

4. 영성 회복과 깨달음의 미학

마음의 정결과 득도를 위해선 기도나 명상이 필요하다. 그러나 김시인의 경우, 명경지수(明鏡止水)와 같은 맑은 바탕에 고난의 체험이 그의 영적 성장의 밑거름이 된 것으로 보인다.

논어(論語)에, 터득하는 데는 생이지지(生而知之), 학이지지(學而知之), 곤이지지(困而知之)가 있다고 한다. 나면서부터 알고, 배워서 알고, 곤궁함을 겪은 후에 안다는 뜻이다. 성인군자라야 '생이지지'의 천부적 재주가 있겠지만, 보통 사람들은 배워서 알고, 고난의 체험을 통해서 안다. 김시인의 글은 '회복기의 노래'라고 명명한 것으로 보아 엄청난 시련과 암울한 체험을 겪어낸 것으로 짐작된다. 소위 '곤이지지'의 지혜로 현실을 헤쳐 나가려는 시인의 긍정적 인생관이 시첩의 곳곳에서 반짝이고 있다.

내 작은 그루터기 허망한 빈 터 위에
잃어버란 소망 몇 점 눈물로 불 지피면
더디게 타올라가며 부활하는 불꽃들

아리게 다가오는 시련의 파도 넘어
쌀여진 어두움 별빛으로 밝혀가면
혈관은 생기가 돌아 몸을 푸는 이 아침

생채기 껴 안으면 새살인 듯 살아나서

떠났던 둥지에도 새들 돌아오는 길
바람의 무등을 타고 마중가는 햇살아.

－「회복기의 노래」－ 다시 서다 전문

이 글에서 시인은 소망, 부활, 혈관의 생기, 햇살 등의 시어를 활용하여 시상을 전개하면서 맑고 밝은 미래를 희구하는 긍정적 의지를 드러내었다. 1연에서 시인은 허망한 빈 터 위에 잃어버린 소망을 눈물로 지펴서 '부활의 불꽃'을 피워 올린다 했으며, 2연에서는 '시련의 파도'를 넘어 별빛으로 밝혀 새 아침을 맞는다고 하였고, 3연에서는 '생채기'를 껴안고 새 살인 듯 살아난다고 하였다. 이러한 시상의 전개를 통하여 어려움을 극복하고 광명의 세계로 나아가려는 시인의 영성회복 의지를 확연히 살펴볼 수가 있다.

김시인은 하늘보기를 좋아하는 시인이다. 일월(日月)과 같은 성자들의 위대함 앞에서 고개를 숙이며, 미래비전을 갖고 스스로를 다스려나가는 시인이다.

A
버리고 또 비우고 나누며 살아온 생(生)
가난하여 맑은 마음 무소유로 남은 자유
이승에 두고 간 향기 빛보라로 남은 별.

오대산 수류산방 흰 눈 위에 새긴 뜻은
끝없는 구도의 길 정진하여 바친 열정
중생을 깨우친 기도 연꽃으로 피었네.

머뭄은 고통이요 떠남은 해탈인데

실천공양 미덕으로 한 생을 지켰으니
새벽은 이슬을 굴려 님을 보내 줍니다.

– 「빈 집」 (법정 스님 입적을 추모하며) 전문

B

벼랑끝 내달리던 빙한(氷寒)의 바람 소리
맨 살에 꽂히는 성자(聖者)의 깊은 선종(善終)
높고도 거룩한 생애 귀감으로 남았네.

북극성 부두칠성 아스라이 빛날 때
강물은 설움 안고 저 혼자 출렁이고
애섧어 밀물져 오는 님을 향한 그리움

아직도 늦지 않아 사랑하고 용서하면
지상의 슬픈 영혼 땅의 천국 이룬다는
산당화 꽃빛 말씀이 온누리를 밝히네.

– 「산당화 꽃빛 말씀」 (김수환 추기경님 선종을 애도하며) 전문

C

올곧은 열정으로 삶의 이랑 가꾸시며
자애와 베풂으로 사람다움 본보일 때
이웃에 / 닿은 숨결이 / 부드럽고 고왔네.

잔잔한 미소 곁에 샘 솟는 시심(詩心)으로
영롱한 백학의 꿈 드높이 펼치시니
온 세상 밝은 빛 되어 반짝이는 그 사랑.

주옥 같은 시와 수필 / 뉘 가슴 출렁이고
켜켜이 쌓인 정한(情恨) / 노을 곁에 스러지면

아련한 추억의 강가로 / 별빛 쏟아지겠네.

– 「백학(白鶴)의 노래」 (조명복 시인을 추모하며) 전문

윗글들은 전부 대상을 추모하는 글이다. 이러한 추모의 글들을 통하여 작가의 사상과 감정을 살펴볼 수 있다. 글 A는 법정 스님, 글 B는 김수환 추기경, 글 C는 조명복 시인을 추모하는 글이다.

마음이 맑고 정결하지 않으면 영안이 뜨이지 않고 지혜의 샘물도 고이지 않는다. 글 A에서 시인은 무소유로 남은 자유를 칭송하며, '머묾은 고통이요, 떠남은 해탈' 임을 강조한 고인을 떠올리면서 구도적 자세와 실천 미덕을 강조하고 있다.

또 글 B에서는 시인은 성자(聖者)의 유언을 '산당화 꽃빛 말씀' 에 비유하고 거룩한 고인의 말씀과 생애를 본받아 '사랑과 용서 정신' 을 실천하여 땅의 천국이 이루어질 것을 강조하고 있다. 그리고 글 C에서는 고인의 모습을 '백학(白鶴)' 에 비유하면서 주옥같은 시와 수필을 남긴 고인의 '영롱한 백학의 꿈' 을 찬미하였다.

이와 같은 글들은 위대한 고인들의 숭고한 정신을 찬양하는 의미도 크지만, 아울러 밝은 감성과 올곧은 사상을 지니고 교훈적 가치를 추구하려는 작가의 의도와도 깊은 관계가 있다.

이러한 위대한 인물들의 족적을 거울로 삼아 미래비전의 영성회복을 꾀하려는 김시인의 작시 경향은, 그의 성정으로 보아 당연한 결과라고 본다.

지금까지 김 시인의 시조집 〈회복기의 노래〉 전반을 훑어보며 작품의 배경과 그의 사상과 감정, 그리고 표현기법까지 음미해 보았다. 전반적으로 둘러본 그의 글은 꾸밈이 없고 맑고 진솔하며 잡티가 없다. 소위 '사무사(思無邪)' 의 인성적 바탕 위에서 지어진 선비

의 초가형 정자(亭子)다. 그래서 그의 시를 읽으면 마음 편히 소박한 시골 정자에서 쉬었다 가는 형상이다.

김 시인 작품의 또 하나의 특징은 인생을 바라보는 눈이 긍정적이고 미래지향적이라는 것이다. 하나의 시를 짓는데 있어서 그 작시의 경향은 여러 갈래가 있지만, 작품 속에 생명력을 부여하여 독자들을 소망의 끈으로 이끌어주는 작품은 생각보다 그리 많지는 않다.

시는 늙지 말아야 한다. 영원토록 지상에 남아 방황하는 영혼의 등대 역할을 해 주어야 한다. 비록 인생은 늙어 황혼녘에 이르러 쇠잔해졌지만, 글과 정신은 맑고 밝아 상록수같이 늘 젊어야 한다.

〈회복기의 노래〉! 이 한권의 책이 음울한 사회의 추락하는 현실에 밝은 빛이 되고 이정표가 되고 회복의 노래가 되어서 재생의 축복 찬양이 넘쳐흐르길 바란다.

2014년 6월 30일

김의식 제2시집, 『꿈꾸는 푸른 돌』 작품 평설

영혼의 샘물을 퍼올리는 깨달음의 멧세지

사람은 누구나 시인일 수 있다. 그러나 그렇다고 누구나 다 시인이 되는 것은 아니다. 대부분의 사람들은 세속의 생계수단에 매달리고 인생 세사에 쫓기어 정서적 감성의 본향을 찾지 못하고 아무런 족적 없이 허무하게 일생을 마치게 되기 때문이다. 하지만 그중에서 참다운 삶에 대한 의문과 자연과 사물에 대한 의미를 찾고자 노력하는 사람에게는, 삶의 현장에서 나타난 현상에 대하여 스스로의 감성을 느껴 보고 인생을 반추해 보는 언표행위(言表行爲)를 통하여 스스로가 시인이 된다.

김의식님의 경우, 바로 이러한 참삶의 의미와 가치를 깨닫고 오랜 인생 경륜에서 터득하여 얻어낸 예지를 바탕으로 새로운 감성을 불러일으킨 깨달음의 시인이다.

김시인은 농촌에서 태어나 갖가지 시련과 역경을 극복해 내고 학업에 전념하면서 경영학을 전공하여 금융계의 별과 같은 존재로 인정을 받고 경영학 교수를 거치는 등, 전공분야에서 중추적 리더 역할을 해왔지만, 만년에 최종적으로 안착하려는 귀착지는 역시 인성과 정서를 추구하는 인문학이요 문학이었다. 문학이야말로 각박한 인생에 의미를 부여해주고 참삶의 가치를 구가할 수 있는 마음의 고향이었기 때문이리라. 그래서 김시인은 비록 때늦은 나이이지만, 문인으로서의 자질을 구축하기 위하여 새로이 시학을 공부하고 습작에 전념하고 새로운 학문에 열정적으로 도전하면서 작가로서의 위상을 다져나가고 있다.

각박한 삶의 현실에서 생명의 수단으로 물질적 가치를 더 중시하는 오늘날의 생활 패턴은 사람들을 몰인정하고 강팍하게 만든다. 신실한 크리스챤 장로로서 물질적 가치보다 영적 가치를 중시하는 김시인이 이러한 원리를 스스로 터득하여 선택한 문학에의 도전정신과 그 입문은 당위적 판단이요 어쩌면 당연한 귀소본능이기도 할 것이다.

1. 위대한 문사로서의 꿈

지긋한 나이에 문단을 노크한 김시인은 젊은이 못지않은 열정과 창작의지로 진솔한 깨달음의 글을 쓴다. 그는 오랜 인생 경륜에서 우러나온 영적 노하우로 글을 쓰는 '열정'의 선두주자다. 인생 재창조를 위한 '끊임없는 도전과 열정', 그것이 그의 심벌마크다. 그의 열정이 얼마나 달구어졌는가는 '열정'의 깃발을 흔들고 있는 그의 근래 출판서적 〈열정은 배신하지 않는다〉만 보아도 알 수 있다.

불같은 열정은 어디에서 나오는가? 현실의 만족이나 안주하려는 자세에서는 나오지 않는다. 그것은 오만한 도전이 아니며, 늘 부족하다고 느끼는 사람의 '꿈'에서 비롯된다. 김시인의 아호는 청석(靑石)이다. 무에서 유를 창조해 내는 '꿈꾸는 푸른 돌'이다. 김시인의 꿈은 영적으로 가치 있고 청사에 길이 남을 생명력 있는 좋은 글, 그리고 의미 있는 인생 족적을 남기는데 있다. 「시의 잉태」는 그러한 작가의 심성과 작품세계를 잘 보여주고 있다.

오랜 시간 삭여
안으로 껴안아 보는 그리움
물컹한 시간 위로 번진다.
만삭된 임산부,
아들일까? 딸일까?
날카로운 펜 끝에서 생사를 넘나든다.

시공을 초월한,
상상의 나래 기지개 켜고
나무 위로 나를 끌어내고 있다 .

서녘하늘 긴 그림자
바람에 치이어 춤을 출 때면
나는 함초롬히 고개를 든다.

소망과 야망의 나래
서슬 푸른 야수의 가슴을 치고
하얀 집을 짓기 위해
오늘도 조용히 무등을 탄다.

– 「시의 잉태」 전문

인생에 있어 그리움은 꿈이며 생명이며 작품세계의 중심에 자리 잡는다. 이 시에서는 의식의 흐름 중심에 자리 잡고 있는 꿈과 소망이 적절한 비유를 통해 잘 표출되어 있다. 이 글에서 만삭된 임산부가 출산하려는 '아들'과 '딸'은 무엇인가? 그것은 작가가 오랫동안 소망하며 꿈을 꾸어온 소중한 희구의 대상이다. 오랜 시련과 산고(産苦) 끝에 펜의 끝자락에서 태어나는 금쪽같은 시편들, 그것은 시공을 초월하여 껍질을 깨고 나와 고고지성을 지르며 곧 세상빛을 보리라.

'하얀 집'은 소중한 아들딸들이 거처하는 결 고운 순수의 문집이다. 작가는 문채 넘치는 '하얀 집'을 짓기 위해 오늘도 조용히 발돋움을 시도해 본다. 서슬 푸른 야수의 가슴을 치고 나온 시심은 곧 아들딸이 거처할 '하얀 집'을 짓고 원숙한 작가로서의 문패를 달 것이다. 이 글은 갖가지 시련을 딛고 일어서서 문학에 큰 뜻을 품고 발돋움하고 나선 작가의 내면세계가 잘 나타난, 비유가 뛰어난 글이다.

우주 공간에
글을 쓰네
종이도 지우개도 없이
글을 쓰네
앉으나 서나
글을 쓰네

머리에 서리 내리고
엉덩이가 바위될 때까지
글을 쓰려네.

— 「글을 쓰네」 전문

이 글의 표현 특징은 시어의 반복적 리듬감이 잘 나타나 있다는 점이다. '글을 쓰네'의 반복으로 언제나 작시에 열중하고 있는 시적 자아의 모습을 연상할 수 있다. 늘 작문에 열중하기 때문에 습작

공간이 무한하며 그러기에 광활한 우주 공간에 종이도 지우개도 없이 글을 쓴다. 그러한 습작의 자세는 미래에도 또한 내일을 바라보면서 영원히 지속될 것이다. 앉으나 서나, 머리에 서리 내리고 엉덩이가 바위 될 때까지 그 생명이 다하도록 말이다.

이 글에는 시공을 초월하여 끊임없는 열정으로 열심히 습작하리라는 작가의 의지가 잘 드러나 있다. 이러한 작가의 표현은 글 잘 쓰기 훈련과정의 3명제로 꼽히는 다작(多作), 다독(多讀), 다상량(多商量)의 원리 중 '다작'의 의지를 밝힌 것이며, 이러한 시적 표현으로 보아, 앞으로 청사에 길이 빛날 위대한 문사로서의 기풍을 예견할 수 있다.

2. 통찰력과 깨달음, 그리고 창조 의지

김시인의 작시적 모티브는 주로 오랜 동안의 인생 경륜에서 얻어낸 통찰력과 깨달음이다. 삶의 질서와 그리고 그것에서 비롯된 인간 존재에 대한 깊은 성찰은 작시법의 주요인으로서 그의 시 전반에 걸쳐 넘나들고 있다.

세상에 고꾸라지는 날,
황홀한 은빛 레이스를 달린다 해도
보이고 안 보이는 건
마음속 거울 때문이지.

원시와 근시로 교차된 혼돈,
볼록렌즈로 세월 넘보고
오목렌즈로 발자취 그려

세상을 살아가는 우리네 눈
육안으로 사물 보고
칼날에 무등 세워
혜안으로,
감춰진 마음을 보세.

－「마음거울」 전문

눈은 가장 중요한 보배다. 좋은 눈은 겉 모양 뿐만 아니라 사물의 세미한 내면세계까지 꿰뚫어보는 투시력을 가지고 있다. 감성적 통찰력이 예리한 작가는 돌 속에서도 흘러가는 피를 발견해 내고 그 울음소리도 들을 수 있다. 원시와 근시로 교차된 혼돈의 세상, 확대경으로 세월을 응시해 보고 작게는 겸손한 마음으로 자신의 거취를 되돌아보는 성찰의 태도가 필요하리라. '혜안(慧眼)' 이란 우주의 진리를 밝히보는 눈이다. 영원한 평안과 진리를 바라보는 영적 안목이 무디어진 완악한 이 시대에 김시인은 혜안을 갖고 스스로를 추슬러 보자고 역설한다. 이러한 시상 구도는 오랜 세월 동안 모진 시련과 풍파를 겪어온 작가의 인생 경륜이 그 바탕이 되었으리라 짐작된다.

지렁이 자취처럼
꾸불꾸불 휘어진 내 궤적의 무게
맞저울과 대저울로 달아 보네
간칭(杆秤)과 명칭(皿秤)으로 달아 보네.

끓어오르는 욕망과
끝없이 펼쳐지는 애환의 길목에서

지웠다 쓰고 또 재보고 달아 봐도
가벼운 나의 흔적은
헝클어져
한쪽으로 기울기만 하다.

–「저울추로 달아보네」 전문

김시인은 성찰의 시인이다. 일일삼성(一日三省)하면서 수신의 경지에 이르렀다는 증자(曾子)의 말과 같이, 김시인의 시에는 곳곳에 자신을 돌아보며 채찍질하는 자성의 목소리가 배어 있다. 하나의 시로써 낭만적 감성을 드러내는 감성의 표출 기능을 추구하는 것도 물론 좋지만, 인생을 아름답게 장식하기 위한 도구로서의 효용론적(效用論的)인 미적 가치를 무시할 순 없다. 자신의 궤적을 저울추에 달아보고 너무나 편협된 삶을 추구해 왔던 지난날을 반성하면서 좌로나 우로나 치우치지 않는 아름다운 삶을 추구하고자 하는 작가의 의지가 비유적 기법에 의한 여운으로 살아남아 있다.

숱한 얘기들 망태에 담아
긴긴 해도 가는 줄 몰랐더니
동지섣달 지는 해 추녀에 머무는구나.
신록 늘 푸를 줄 알았더니
어느덧 낙엽되어 춤을 추는구나.

병아리가 어미 닭 되는
짧고 붉은 세월 허공에 허덕이니
페이스북 고운 얼굴에 정크메일
할퀴고 간 자국이 쓰나미보다 더욱 아프다 해도

뒷모습 기록될 나의 자서전 속에
수금(繡錦)으로 수놓을 인생 삼모작
세월의 나이테 속에 숨겨둔
그 말씀 속 약속들로 내일을 그려본다.

–「세월의 나이테」 전문

김의식 시인은 도전과 열정의 시인이다. 쉬지 않고 열심히 탐구하고 미래 비젼을 향해 전진하는 불도저 같은 이미지가 그의 캐릭터다. 그래서 그의 도전정신은 생활주변에서 터득된 깨달음과 융합하여 인생 3모작까지 내다보고 있다. 김시인의 이러한 열정은 역경을 딛고 일어선 인생 경륜과 크리스챤 장로로서의 영적 훈련의 결과이기도 할 것이다.

김시인은 농촌으로 갖가지 시련과 역경을 극복해 내고 학문에 전념하여 금융계를 거쳐 대학교수로 재직하면서 사회적 리더로서 각광을 받는 인사가 되었다. 그러나 정신없이 분주하게 현실에 얽매이다 보니 어느덧 해는 뉘엿뉘엿 기울고 낙엽이 뒹군다. 참다운 인생의 가치를 따져볼 때, 삶의 궤적에 나타난 보람의 나이테를 세어본다. 이순(耳順)의 나이도 저물어가고 고희(古稀)를 눈앞에 둔 작가가 지나온 발자취를 돌아볼 때 아름답게 새겨져야 할 가치 있는 동선은 무엇일까? 지긋한 나이에 문단을 노크한 그는 늦깎이 문인으로서 또 다른 새로운 세계를 발견하고 자신의 새로운 도전의 광장에 꽂혀 있는 푯대를 향하여 달려가고 있는 것이다.

이 시에서는 그러한 김시인의 인생 노트와 창조의지가 적절한 비유를 통해 실감 있게 잘 표현되어 있다. 그것은 그의 '자서전 속에 수금(繡錦)으로 수놓을 인생 삼모작'으로 수확될 것이다.

3. 향수와 애국혼

김시인은 종종 가난에 허덕이고 어려웠던 어린 시절의 추억을 상기하곤 한다. 오로지 인생의 앞길만을 바라보고 도전하며 내닫는 김시인이 이따금씩 뒤를 돌아보는 것은 지난 일에 빠져 퇴영의 길로 나아가려는 것이 아니라 과거를 통하여 온고이지신(溫故而知新)의 지혜를 배우고 어려운 시절을 통하여 용기를 재충전하려는 속뜻이 있어서일 것이다.

A

긴 터널 고적소리 삼경을 무등 태워
삼태성 밝은 빛을 삭풍에 매달아서
사립문 열어제치고 천릿길을 나선다.

달팽이 지친 걸음 어느 세월 고개 넘나
춤추는 호랑나비 입 벌려 삼키려는데
샛노란 송홧가루로 허기진 배 채운다

–「보릿고개」 전문

B

굽이치는 황금 들판 풍요가 펄럭이고
이른 봄 판 벌렸던 못자리도 으쓱인데
시집간 모 포기들은 만석으로 화답하네.

짝퉁은 가려내고 진퉁만 남겨두세
지난 일 두런두런 눈물꽃도 보이는데
톨마다 촘촘히 엮인 너털웃음 한마당.

–「쌀(米) 한 톨」 전문

윗글 A와 B에는 각각 궁핍함과 풍요로운 시절의 농사꾼다운 애환이 깃들어 있다. 글 A는 보릿고개를 넘어가는 서정적 자아의 모습이 달팽이 지친 걸음으로 비유되면서 힘겹게 살아온 지난날을 회고하고 있다. 그나마 소망의 삼태성 밝은 빛으로 위안을 삼으며 송홧가루로 허기진 배를 채우고 근근히 생명의 끈을 부여잡고 있는 서정적 자아의 모습이 애처롭기만 하다. 그런가 하면, 글 B는 '눈물꽃' 으로 일구어낸 황금 들녘을 바라보면서 한 톨 한 톨 땀방울로 엮어진 노력의 결실을 '너털웃음' 이라는 초월적 시어를 사용하여 달관의 경지로 이끌어 내고, '쌀(米) 한 톨' 의 소중함을 부각시켜내고 있다.

눈물 젖은 빵을 먹어보지 못한 자는 빵 한 조각의 고마움을 모른다. 송나라 구양수가 '시궁이후공(詩窮而後工)' 이라 말했듯이 곤궁함을 겪은 후에라야 좋은 글이 나온다. 김시인의 글에는 이러한 체험적 내음이 강하다. 농촌출신인 김시인은 그가 비록 많은 학업과정을 거쳐 왔지만, 그의 뿌리는 농촌에 늘 머물러 있어 농사꾼이나 다름이 없다. 이러한 시들은 그의 향수(鄕愁) 짙은 성정의 일면을 드러내는 것으로서 그의 작품 세계의 저변에 깔려 있다.

C

역사의 화신(化身)된 충심은
세월의 파고 속에
천년 연꽃들의 가슴으로 번져오고
부소산(扶蘇山) 정기 따라
황산벌 일대기로 여전히
비상의 나래를 펄럭이고 있다.

송이, 송이마다 방울방울

또르륵 굴러가는 이슬 삼켜
입가엔 사연이 주렁주렁
간장을 에며 토해내는 연꽃들의 합창은
지금도
하늘 삼킨
궁남지(宮南池) 위를 떠돌고 있다.

–「백제의 혼」 전문

D

조덕산 햇살 비친 행치골 생가에
큰빛 반씨 가문의 큰 기쁨은 나아가
조국의 자존과 세계의 꿈을 펼쳐갈
이 시대 우리의 큰 일꾼이 되셨네.

인도와 박애로 다져진 적십자 정신은
진리의 상아탑 속 빛으로 큰 물결로
5대양으로 솟구쳐 오르는 밝은 빛으로
6대주를 가슴에 품고 세계 속으로 가셨네.

쉴 새 없이 밀려오는 지구촌의 아픔
그 위협과 갈등 아우르고 자유를 펼치며
빈곤과 병마 전쟁의 상흔 속에서
방파제 되어 온몸으로 막고 치유하는
세계의 번영을 일궈내는 매신저가 되소서

먼 땅 지평선 너머까지 오지에서 날마다
당신의 따사한 손길 위에 세계가 하나로

사랑과 봉사의 큰 물결이 넘쳐나게 하시고
자유와 평화를 심고 가꾸는 큰 일꾼이 되소서.

-「세계를 가슴에 안고」(반기문UN사무총장 재임에 부쳐) 전문

김시인은 굴곡 많은 역사의 한 시대를 살아온 산 증인이다. 6.25의 참상을 겪고 4.19를 겪고 조국의 민주화 과정을 다 겪었다. 그래서 그의 글에는 국가관과 애국혼이 살아있으며 국가 안위와 조국의 소중함을 알고 역사의 진실과 현재에 자신이 서 있는 위치를 잘 안다. 글 C는 기행 탐방시이다. 부소산(扶蘇山)에 가보니 오랜 세월 풍미했던 백제의 혼이 산의 정기 따라 황산벌 일대기로 여전히 비상의 나래를 펄럭이고 있다. 또 궁남지(宮南池)에 가보니 조국을 잃고 간장을 에며 토해내는 연꽃들의 합창이 지금도 허공 위를 떠돌고 있다. 작가는 이러한 글을 통하여 조상의 숨결을 음미하면서 그 감회를 현재형 시제로 현장감 있게 잘 묘사해 내었다.

글 D는 2011년 8월9일부터 14일까지 반기문 유엔사무총장의 고국 방문 시에 환영사로 맞이한 글이다. 반기문 총장은 김시인의 충주학교 직선배로서 김시인이 늘 로울 모델로 존경하고 숭배하는 위인이다. 조국의 자존과 세계의 꿈을 펼쳐갈 이 시대의 큰 리더 앞에 머리 숙여 감사하며 그가 인도와 박애정신으로 진정한 세계의 번영을 일궈내고 자유와 평화를 이끌어내는 위대한 지도자가 되기를 간절히 기원하고 있다.

이러한 글들에서 볼 수 있는 김시인의 특징은 대상을 보고 그 자체의 묘사만으로 끝나는 것이 아니라, 대상을 통하여 뿌리정신과 배울 점을 찾아내고 그것을 자신의 스승으로 삼는다는 점이다. 그러기에 김시인은 글을 통하여 발전의 계기를 잘 포착하며, 이러한 점은 여타 시인들이 본받아야 할 점이라 생각된다.

4. 녹색 혁명과 상생의 의지

김시인은 글로벌녹색경영연구원 교육원장이다. 대학에서 경영학을 강의하고 문인으로서의 완숙도를 기하기 위해 새로이 문학공부에 전념하고, 또한 교회 장로로서 믿음생활에 열심이면서도 녹색 혁명을 위한 의지가 남다르다. 동분서주 바쁜 가운데에서도 그는 지구촌의 심각한 오염 실태를 실감하고 녹색 혁명을 위한 환경 개선에 앞장을 서고 그것을 글로써 고발하고 있다.

A

덥혀진 지구 온도 엘리뇨 가져와서
빙하도 녹아내려 해수가 높아지니
투발루 물에 잠기니 지구 끓는 탓일세.

우뚝 선 공장 굴뚝 매연의 깃발인가
산업화 주범 되어 다가온 기상이변
심각한 지구 온난화 온실가스 탓일세.

쓰나미 가뭄홍수 지구를 뒤덮는가
몰아친 인류재앙 세계가 경악한다
문명의 이기 속에서 신음하는 지구다.

–「지구가 끓는다」 전문

B

바람이 풍차 돌려 전력선 불붙으니
줄어든 화석연료 생물을 살리어서
푸르른 반도강산에 노고지리 춤춘다.

태양열 지붕마다 줄어든 탄산가스
파장된 가시 광선 앞당긴 이코시티
생성된 대체 에너지 그린성장 이루네.

–「풍력발전」 전문

위의 시조들에는 녹색환경을 향한 작가의 소망과 의지가 잘 드러나 있다. 글 A에는 인류 재앙의 요인이 되는 무분별한 각종 문명의 폐해와 그것으로 인해 신음하는 지구를 잘 그려내고 있다. 투발루(Tuvalu)는 남태평양 섬나라로 지구 온난화로 인해 사라져가는 나라다. 글 B는 풍력을 이용한 대체에너지로 그린 성장을 이루고자 하는 작가의 염원이 잘 드러나 있다. 이러한 작가의 작시태도는 인류 사회 모순과 부조리로부터 생명 파괴의 원인을 찾아보려는 '생태시'와 깊은 관련을 맺고 있다. 생태시(Ecopoetry)는 자연생태 파괴와 환경오염을 불러일으킨 정치 · 사회적 원인들을 찾아내고 고발함으로써 독자들의 비판의식을 일깨우고 개혁을 촉구하며, 인간과 자연이 상생 관계를 유지함으로써 녹색환경을 되찾으려는 데 그 목적이 있다.

김시인은 글로벌 녹색경영연구원의 일원으로서, 그의 눈에 비친 심각한 지구의 환경오염은 인류가 해결해야 할 급선무의 과제로 보고 결자해지(結者解之)를 역설하며 인간의 각성을 촉구하고 있다. 푸르른 반도강산에 노고지리 춤추는 녹색 환경이 바로 김시인이 추구하고 있는 이상향이다.

C
물향기 수목원은 천혜의 녹색 보고
팔벌린 나무들은 찬이슬 받아 먹고

내뿜는 산소 꾸러미 검은 연기 삼킨다.

실버들 댕기 풀어 수놓은 머리카락
바람에 춤을 추며 덩달아 흥얼대니
메마른 인생길마다 물향기를 뿌린다.

–「물향기 수목원」 전문

D
양지꽃 금강초롱 총총히 자랐는데
기린초 고광나무 개오동 짝을 하니
수목과 인간의 만남 너털웃음 절로 나네.

범부채 도라지 풀싸리 채진목에
히어리 솔송나무 복수초 이웃하니
어깨가 저절로 둥실, 뽑고 싶다 한 가락.

–「숲의 교향곡」 전 5수 중 4,5수

윗글 C와 D는 〈물향기 수목원〉을 탐방하고 현장의 녹색 자연물들을 보면서 주객일체(主客一體)의 시상을 그려낸 자연친화적인 글이다. 물오른 풀과 나무, 그리고 꽃들과 어우러진 순수한 시심은 너와 내가 따로 없이 모두가 하나며 두둥실 춤을 추며 생명의 노래를 구가한다. '어깨가 저절로 둥실, 뽑고 싶다 한 가락'이란 표현은 작가의 이런 심정을 표현한 것이다. 환경오염에 찌든 세속을 떠나 모처럼 물향기 수목원에 들어 녹색자연과 동화(同化)의 경지에까지 이르니, 극에 달한 물아일체(物我一體), 물심일여(物心一如)의 기쁨을 주체할 수 없어 더덩실 춤추며 노랫가락 판이라도 벌이고 싶다는 심경이다.

이 두 작품에서 느낄 수 있는 작가의 자연관은 상생적 무위자연(無爲自然)의 도가적(道家的) 세계관에까지 접맥되어 있다고 본다. 자연과 인간과의 교감어린 글은 무위자연에 기초하여 현대의 인위적인 물질문명을 은근히 비판하면서 노자(老子)의 자연친화 사상과 근접한 무욕적인 삶의 모습까지 내비친다. 김시인의 이러한 사고는 생명 순환과 상생의 원리를 작품을 통하여 구현한 것으로서, 그것은 자신의 녹색경영운동을 통하여 구체화되고 있으며 앞으로도 그 귀추가 주목되고 있다.

5. 인간미와 영성 회복

시인의 가장 순수한 서정은 역시 '그리움'과 '사랑'에서 우러나온다. 시는 그것의 가장 진솔한 인성 표현이라 할 수 있다. 김시인의 시 전편에 흐르고 있는 삶의 애환과 애틋한 사랑은 일상적인 감정을 넘어, 지난한 삶의 고통 끝에 울려나오는 내면의 울림소리요 고백이다. 특히 쓰라린 인생 체험을 바탕으로 쓰여진 남성적 필치의 사랑 노래는 아픔을 겪어냈으면서도 아직까지 표현해 내지 못한 뭇 시인들에게 좋은 전범을 보여주는 것으로서, 그 기법을 제시해 주기에 충분하다.

A

엄마의 치마폭에 살며시 숨겨놓은
탯줄을 목에 걸고 울어댄 외침소리
춘삼월 아지랑이 타고 내 맘속에 와 주렴.

–「모정」 전문

B

산뜻한 새 날개 단 아내의 고운 의상

쇼윈도 위에 비춰 쓴 웃음도 지어 보고
선물로 받았나본데 눈썰미가 매섭다.

쟈스민 짙은 향기 물씬 젖은 아내 모습
젊은 날 반반한 옷 한 벌도 못 사 줬네
미안해 너무 미안해 얼굴 한참 붉어진다.

의상은 날개라지요 펄펄 나는 그 산뜻함
이런 날 팔짱끼고 산책 한번 나서볼까
맞잡은 고운 손에는 국화향이 날아든다.

—「브티끄 실루엣」 전문

글 A와 B는 시조로서 각각 어머니와 아내에 대한 그리움과 사랑을 노래한 글이다. 글 A는 일종의 사모곡(思母曲)이라고도 할 수 있는데 모성본능을 그리워하는 작가의 심성이 한 편의 절제된 단수 시조로 표현되어 있다. 남성은 칠순을 바라보면서도 어머니 앞에서는 언제든지 응석부리는 어린아이이며, 이 글에 나타난 서정적 자아도 그 '탯줄'을 통하여 어머니의 사랑을 희구하면서 귀소본능(歸巢本能)을 잘 나타내고 있다.

반면, 글 B는 쇼윈도 앞에서 옷매무새를 비춰보고 있는 아내의 모습을 보고, 아내에게 남편으로서의 도리를 다하지 못한 회한의 심경을 재치 있고도 실감나게 표현한 연시조이다. 이 글을 읽으면 송나라 소동파(蘇東坡)가 당나라의 대시인 왕유(王維)의 시를 평한 글 '시중유화(詩中有畵) 화중유시(畵中有詩)'라는 말이 떠오른다. 시 속에 그림이 있고, 그림 속에 시가 있다는 뜻인데, 이 시에는 김시인의 따뜻한 인간미가 실감실정의 시어를 통하여 꿈틀거릴 뿐만 아니라,

묘사적 표현도 두드러져 회화적 작품성이 뛰어난 글이다.

C

말 많이 하는 데 그놈은 / 입가에 주렁주렁 매달린다.
듣기는 하는 데 그놈은 / 귓가에 주렁주렁 매달린다.

겉으로만 말하고 겉으로만 듣는 / 쓰리고 아린 우리들의 언어,
속으로 듣고 / 속마음 전할 순 없을까?

한 평생 눈만 뜨면 보는 사이 / 말다운 말 하고 사는가?
당신은 마음 삐죽 내밀고 / 날 불러 세우는데
나는 마음 닫혀 말 걸 수 없네.

당신도 조금 열고 / 나도 반쯤 열어
말다운 말 하고 / 말다운 말 듣고 살자.

－「소통」 전문

D

가슴을 쪼아 대고 번뇌를 벗하는가
걱정도 친구란다 고난도 쓸모 있네
쓰나미 할퀴고 나니 모진 풍파 끄떡없다.

마알간 수정처럼 잔잔한 바다처럼
참으면 자산인 걸 예전엔 미처 몰라
살인도 면한다지요 참을 인(忍)자 셋이면.

－「고통에도 뜻이 있다」 전문

위에 제시된 '소통'과 '고통'은 그 동인(動因)을 유추할 때 상대적인 개념으로 파악될 수 있지만 '뜻 있는 고통'은 '소통'의 밑바탕이 될 수 있다는 점에서 그 저변에 깔린 인자는 같다. 글 C에서 작가는 소통부재의 현실을 안타까워하고 있다. 흔히 발화자는 말을 정중히 선명하게 전달하지 못하고, 청자는 남의 말을 진중히 귀담아 듣지 않고 귓가에서만 맴돌게 한다. 이러한 현상은 서로의 마음문이 닫혀 있기 때문이다. 서로가 조금씩만 마음문을 열고 배려하고 양보하면서 말을 건네고 귀담아 들어주게 되면 굳게 닫힌 소통부재의 문도 조금씩 열려 밝은 세상을 맞이할 것이다. 이 글은 무형의 '말'과 '듣기'를 하나의 형상물로 제시하여 표현하였고, 교훈적 가치를 이끌어 냈다는 점에서 작품성이 높이 평가된다.

글 D는 인내심을 갖고 극복해낸 '고통'의 참 의미를 비유와 인용법을 통해 두 수의 시조로 표현하였다. 이러한 주제의식의 표현은 작가의 생활철학과 인생관이 잘 나타난 예로써 역시 교훈적 가치가 두드러진 글이다.

E

성령의 오순절 / 다락방에 들리신 하나님
내게 깊은 사랑 심으시고 / 믿음의 걸음은 나를 반듯이 세웁니다.

성전의 문지방 / 총총걸음으로 드나들면서
넘어질 때라도 주님의 옷자락 잡고 / 든든히 서렵니다.

갈릴리 거센 풍랑 / 메마른 광야를 떠돈다 해도
골고다 십자가 / 그 아픔으로 견디어 내렵니다.

어찌 잊으오리까? / 어찌 흘리오리까?

주님께서 피 흘리시며 베푸신 사랑 / 온전한 전도로 갚으오리다.

－「순례자의 노래」 전문

F

종소리 부름 속에 발걸음 동동거려
칼바람 스쳐가는 설한풍의 엄동에도
꿋꿋이 자리 지켜온 두 손 모은 오직 주님.

명일동 종탑 아래 구름처럼 모여들어
목마름을 해갈하고 뼈아픔도 치유하니
말씀의 블랙홀처럼 빨아드린 안식처다.

눈시울 붉어져도 환하게 웃음 짓고
응어리 삭혀내는 내 삶의 편린들이
영원히 머무를 곳은 내 아버지 계신 전.

－「성전에 거하리라」 전문

글 E와 F는 크리스챤으로서 믿음과 영성회복의 의지를 나타낸 글이다. 성령의 오순절에 찾아오신 주님을 향한 신실한 믿음의 자세가 아름다운 선율을 타고 충만하게 흐르고 있다. 좋은 글은 억지로 꾸민 흔적이 없이 순수한 감성에서 우러나온 영혼의 울림이어야 한다. 김시인은 믿음의 선구자로서 핏값으로 얻어낸 구원의 감사함을 인식하고, 인생의 위기 때마다 주님의 옷자락 붙잡고 이겨내면서, 전도함으로써 그 감사함에 답하려고 하는 신앙인의 영적 자세를 잘 나타내었다.

또한 글 F는 교회 종탑 아래 구름처럼 모여드는 목마른 성도들을 그려내고, 말씀을 통하여 뼈아픔의 치유와 해갈의 은혜를 충만히 받았음에 감사하며, 성전을 사모하면서 안식처인 거기서 영원히 머무를 것임을 다짐한 글이다.

성령은 부정을 긍정으로, 실패를 승리로, 저주를 사랑으로, 가식을 어린 아이 같은 순수로 이끌어주신다. 그래서 믿음이 충만한 김시인의 글은, 글을 쓰기 위한 단순한 말장난이거나 가식의 글이 아니라, 긍정을 바탕으로 한 순수한 인생체험의 노래이며, 소위 '술이부작(述而不作)'의 문투이다. 다소 고차원적인 수사가 적더라도 억지로 꾸민 흔적이 없는 순수 영성회복의 노래, 그것이 그의 글의 특징이다.

지금까지 김시인의 글을 다섯까지 항목으로 대별하여 조명하여 보았다.

김시인의 글은 열정이 많고 폭이 넓고 다양하다. 각 부분의 다양한 시들이 오랫동안의 인생 경륜을 통하여 농축된 깨달음의 경지를 그의 노하우로 용해하여 지은 것들이다.

표현한 형식도 정형시인 시조와 자유시를 혼용하여 썼다. 절제와 음악적 감성을 요하는 것들은 정형시인 시조로, 자유분방하고 설명적 요소가 필요한 것들은 자유시로 적절히 환치되었다. 이러한 선택과 결과는 김시인이 그동안 갈고 닦은 작시법과 습작의 수행과정에서 얻어낸 스스로의 판단에서 우러나온 것이라 생각된다.

문학의 가치를 교훈적 가치와 예술적 가치로 대별해 볼 때, 김시인의 글들에는 교훈적 가치가 많다. 이러한 결과는 인간승리자라 할 수 있는 김시인이 지난한 삶의 과정에서 겪어낸 남다른 깨달음과 통찰력의 소산이라고 생각한다. 독자들에게 밑거름과 같은 이러한 영혼의 멧세지는 세상을 깨우칠 만하다.

그러나 다만, 넘치는 표현 욕구와 전달 의욕이 앞서, 작품의 문학적 가치와 예술성을 소홀히 해서는 안될 것이다. 적합한 시어들의 엄격한 선택, 그리고 그 조합과 구성을 어떻게 하느냐에 따라 문학적 예술성은 달라진다. 적절한 비유와 상징, 상황에 알맞은 수사법의 적용과 시상에 적합한 구성과 조합, 그리고 전체적인 산만성을 벗어나 문학적 가치를 높이는 일은, 앞으로 김시인이 시적 역량을 더 확대해 나아가야 할 분야라고 본다.

김시인은 인생 이모작을 넘어 삼모작까지 꿈꾸며 오늘을 살아가는 열정적 작가이다. 그의 문학에 대한 꿈과 정신 혁명의 열정은 최근 들어 신간으로 내어놓아 선풍적인 반향을 불러일으킨 책 〈열정은 배신하지 않는다〉에 잘 나타나 있다. 그는 거기서 "열정이 삶을 이끄는 순간 청춘은 시작되고 꿈을 놓지 않는 한 청춘은 유효하다!"라고 푸른 꿈을 역설한다. 그는 늘 젊은 학생들과 같은 눈높이에서 미래를 바라보는 '열혈교수'요 작가다. 이러한 정신과 생활신조는 혼탁한 시대를 살아가며 안일만을 추구하는 많은 시인들에게 경각심을 불러일으키는 것으로서 본받아야 할 표본이요 귀감이라고 생각한다.

김시인에게서는 무한한 가능성을 발견할 수 있다. 남달리 깊은 성찰과 깨달음의 철학에서 우러나온 열정적 생활신조로 정진하고 있는 김시인의 개성적 작시태도에 찬사를 보내며, 알알이 영근 고운 시집 〈꿈꾸는 푸른 돌〉 상재를 진심으로 축하드린다.

2014년 3월 22일

김차복 시조집, 『부챗살을 펴들다』 작품 평설

순수한 시혼과 마음 다스림의 미학

김차복 시인의 시는 꾸밈이 없고 진솔하다. 평소 말수가 적고 단아하여 크게 드러내지 않는 시인의 인품이 그대로 그의 글에도 반영되어 있다. 그동안 많은 습작 과정이 있었음에도 불구하고 이번 시조집 발간도 16년만의 일이라니 이 점만 보아도 그의 과묵한 성품과 사려 깊음을 짐작할 수 있다. 품성이 그러하듯이, 이 시조집에 실린 글들도 16년 동안의 숙고와 연륜이 농축되어 빚어낸 결정체들이다.

작품의 가치와 품격을 평가할 때 작품이 풍겨주는 표피적 인상만을 기준으로 삼아서는 나무만 보고 그 뿌리나 숲을 보지 못하는 우를 범하게 된다. 작품의 내적 요소들, 특히 작가의 성장과정이나 인생체험으로부터 우러나온 작가의 인생관이나 세계관 등을 구체적으로 살펴야 한다. 그래서 작품론과 작가론은 불가분의 관계에 있는 것이다.

릴케(Rainer Maria Rilke)는 "사랑의 힘은 몸소 사랑을 경험할 때가 아니면 알 수 없다"고 하면서 문학에 있어서의 체험적 요소를 특히 강조하였다. 송나라 구양수(歐陽脩)도 "시궁이후공(詩窮而後工)"이라 하여, 문학의 좋은 성과는 뼈저린 인생체험이 그 밑거름이 된다고 하였다.

김 시인은 이러한 체험적 요소를 풍부히 갖추고 있는 품격 높은 시인이다. 좋은 글은 체험의 진솔한 재구성이다. 그의 글은 요즘 흔히 내로라하며 자처하고 나서는 경박한 문사들의 말장난이거나 가식과는 거리가 먼 순수 영혼의 노래이다. 이 책에 실린 시편들은 하나 같이 지난한 인생 경륜 속에서 축적되고 여과되어 우려낸 성찰과 깨달음의 울림이며, 영혼의 두레박으로 길어 올린 마음 다스림의 미학이다.

1. 소망과 그리움, 그리고 미래 지향

시 창작에 있어서 그리움은 시적 재구성의 원동력이 되는 요소이다. 김 시인의 시 전편을 거슬러 훑어보면 거기엔 틈틈이 흘러 이어져 내려가는 시맥을 발견할 수가 있다. 바로 빛을 바라보는 그리움이다. 그는 우리가 망각하기 쉬운 사물들에서 세미한 음성을 들으며 물아일체의 경지에서 그들과 대화하며 그리움과 소망의 내면세계를 미래지향적으로 노래한다.

> 내 머물던 텃자리 떠나면서 잊었어
> 얼어붙은 겨울강을 거룻배로 건너와서
> 피어난 꽃잎 사이로 봄날을 펼쳐보인다.
>
> 달빛이 남겨놓은 언약의 말 한마디
> 눈물을 애써 지우며 성숙을 알았느니
> 첫정(情)을 길어 올리며 오늘을 비워보네.

뻐꾸기 울음소리에 흔들리는 둥지여
돌아서는 네 모습에 연소하는 사랑아
허공 속 기나긴 다리 홀씨 되어 건너다.

– 「민들레 홀씨되어」 전문

이 글의 키워드는 '홀씨'이다. 민들레의 특성은 무엇인가? 여기서 말하는 민들레는 온갖 풍상을 다 이겨내며 어떤 척박한 조건에서도 뿌리내리고 기어이 생명의 씨앗을 피워올리는 끈질긴 존재가 아니던가. 이 글에 숨겨져 있는 아픔은 첫정을 잃은 이별이다. 작가는 아픈 만큼 성숙한다는 진실을 끌어안고 객관적 상관물에 감정을 이입하여 동일시(Identification)의 감성으로 위로 받고 있다. 소위 심리적 안정기제의 투사기법을 구사하고 있는 것이다.

김 시인의 이러한 표현기법은 눈물을 애써 지우며 스스로(ego)를 껴안고 가면서 던지는 일종의 방어기제(defense mechanism)라고도 볼 수 있으나, 지난한 인생 역경과 슬픔을 딛고 봄날을 펼쳐 보이며 생명력, 즉 홀씨가 되어 부활하려는 자아의 결의에 찬 모습이기도 하다. 이러한 건전한 소망이미지와 생명력의 희구는 김 시인의 작품 세계 전체를 관류하고 있는 중심 줄기이다.

고만 고만한 능선들이 들길로 내려와서
더러는 주저앉고 가다가는 풀물 들어
한나절 일손을 놓고 둠벙에 뛰어들다.

곡선이 끝나가는 마을 입구 우체통에
부화한 햇살들이 무늬져 빗기면서
사립문 열린 집마다 백일홍을 피웁니다.

– 「5월에」 전문

이 글을 읽으면 시인이 얼마나 자연에 동화되고 몰입될 수 있는가를 연상할 수가 있다. 봄 한철 바쁜 일손들이 움직이는 농촌의 화사한 모습이 해맑은 그림처럼 펼쳐진다. 그러다가 무언가 좋은 소식이 올 것 같은 우체통에 부화한 햇살들에 무늬지면서 새 소망의 이미지를 펼쳐 보이고, 빼꼼히 사립문 열린 집집마다 백일홍처럼 울긋불긋 풍성한 여름철의 풍성함이 스며들어 소망의 꽃을 피워내고 있다. 참으로 신선하고 해맑은 표현이다.

하나의 글이 그냥 서경 묘사로만 끝나는 수도 있으나, 그럴 경우 내용적으로 부차적인 큰 의미성은 찾아볼 수가 없다. 5월은 신록의 계절이지만 그 어려운 보릿고개를 넘어가는 시기이다. 이 글은 계절에 따른 감각적 정서를 적합한 시어들로 깔끔하게 표출하고 있으면서도 내용적으로 새 희망과 소망의 이미지를 드러내고 있어 참신성과 생명력을 더해주고 있다.

> 닿을 듯 멀어져 간 / 하오의 해 그림자 //
> 지는 꽃잎 따라서며 / 봄날에 금을 긋다 //
> 꽃이여 / 철따라 피어나 / 무궁(無窮)에 잇대어라.
>
> ―「꽃이 지며」 전문

단수시조의 멋과 맛을 잘 살려낸 글이다. 해마다 어김없이 꽃잎 따라 무정하게 가버리는 봄날에 또다시 금을 그으며 이별을 확인하지만, 지는 꽃잎은 가는 이별이 아니고 새로운 만남의 전조이며 생명의 탄생을 의미한다. 이 글에서 서정적 자아는 꽃잎이 떨어져 지는 것과 같은 인생의 쇠락을 생명 탄생의 기점으로 인식하여 승화시킴으로써 무궁에 잇대어져 돌아올 새 희망의 나날을 기대하고 있다. 이러한 서정적 자아의 인생관은 마치 한용운의 〈님의 침묵〉과 같은 시상 구도이며, 작품을 통하여 생명력을 희구하면서 미래지향으로 나아가려는 작가의 사상적 배경이 잘 드러나 있는 경우이다.

2. 자아성찰과 달관의 경지, 그리고 순명의식

전술한 바와 같이, 릴케(Rilke)는 문학 창작에 있어서 글의 체험적 요소를 강조하였다. 시에 있어서 체험은 좋은 글이 되기 위한 밑거름이며 진실한 글이 되기 위한 모티브이기도 하다. 사려 깊고 차분한 성품의 김 시인은 남다른 인생체험과 예지력을 가지고 사물에 대해서 독자적으로 세미한 음성을 가지고 대화한다.

가로수 두 팔 벌려 길을 내고 내를 열어
이 계절 어김없이 풍경들을 갈아 끼워
화들짝 놀라 깨어나 달아나는 저 잎들.

가다가 멈춰서서 길을 묻는 나그네여
물들어 떨어지는 갈잎 따라 혼자가라
노을빛 차츰 지우며 산마루에 걸려있다.

촛농은 촛농으로 잔명(殘命)을 일러주고
한지에 베어나는 묵향(墨香)의 언저리에
샘물이 끓던 주전자 다향(茶香)을 펴 올리다.

– 「동짓달 그 하루」 전문

훌륭한 시에는 여러 가지 의미 요소들을 갖추고 있다. 교훈을 주는 시, 감동을 주는 시, 흥미를 주는 시, 깨달음을 주는 시 등이 그것이다. 하나의 시에서 이러한 여러 가지 효과를 포괄적으로 다 기대할 수도 있지만, 엄밀히 말해서 작가는 하나의 시를 가지고 이러한 여러 가지 유형적 특색들을 한꺼번에 다 글에다 반영해 낼 수는 없다. 작가는 자기가 의도하는 바, 하나의 초점을 향해 시상을 전개할 뿐이다. 이 글에서 '동짓달'은 무엇을 상징하는가? 일 년 중 가장 밤이 긴 겨울 한 때를 맞이하여 한 해를 마무리 짓고 지난날을 되돌아보는 자기성찰의 계절임을 암시해 주고 있다. 가다가 멈춰서서 길을 묻는 나그네는 외로이 홀로 가는 시적 자아를 가리키며, 인생 황혼기에 잔명을 의식하고 여생을 보람 있게 살아가고자 하는 품격 높은 구도자의 모습이다. 이 글에서 특별히 눈에 띄는 말들은 '촛농'과 '잔명', '한지'와 '묵향', '샘물'과 '다향'과 같은 시어들이다. '촛농'은 희생적 삶을, '잔명'은 여생을, '한지'와 '묵향', '다향'은 품격 높고 보람 있는 삶을 지향하며 인생의 황혼녘에 원숙한 삶을 추구해 나아가려는 의지를 비유한 시어들이다.

멋진 글을 쓰려면, 소위 '돌려쓰기' 기법을 잘 활용해야 한다. 직설적으로 이야기를 전개하기 거북한 경우에 알레고리(Allegory)기법을 사용하여 소위 '주문이휼간(主文而譎諫)'의 효과를 거두어야 한다. 이 글은 인생의 황혼기에 겪는 원숙한 시인의 정서를 고도의 돌려쓰기 기법으로 표현함으로써 작품의 의도를 잘 살려낸, 자아성찰과 깨달음의 시라고 할 수 있다.

압화되어/ 바래어진 / 주름 끝 / 흔들림에 //
저만치 / 멈추어 선 / 젖어든 / 생의 자락//
끊어진 / 실금 사이로 / 하강하는 / 하얀 포자(胞子).

—「다시 거울 앞에서」 전문

거울은 대상의 모습을 있는 그대로 숨김없이 비추어준다. 그런 반면 거울은 어떤 현상에 대한 직관적 유추도 가능케 해준다. 미당(未堂)은 '거울 앞에 선 누님'을 내세워 그 '누님'의 메타포가 되는 '국화'를 연상하게 하지 않았던가?

이 글에서의 '거울'은 무엇인가? 인생의 황혼기에 시적 자아의 존재의식을 그대로 담아내 비춰주는 하나의 확인 도구이다. 너무나 힘겹고 세상 무게에 짓눌린 인생, 압화되어 주름진 실금 사이로 하염없이 추락해 가고 있는 실존적 자아를 발견하고 작가는 순명적일 수밖에 없는 현실을 안타까워한다. 작가는 실존적 자아의 모습을 심각하게 바라보고 있다. 이러한 작가의 심경은 이 글의 시행 배열에도 잘 나타나 있다. 이 글이 비록 단수시조이지만, 인생 문제가 참으로 심각하고 중후하였기에 이글의 시행 배열도 하나하나 무게 있게 힘주어 말하는 음보별 시행 구조로 창작된 점은 이를 단적으로 말해 주고 있다.

지난 날 푸르렀던 / 그 시절은 잊는 거야 //
보내고 맞는 날이 / 까마득 멀어져 가 //
바람 찬 / 저물녘이면 / 나이테를 그어본다.

낮게 날던 박새가 / 잠시 머문 가지 끝에 //
눈 뜨던 겨울눈이 / 반 쯤 팔을 벌리며 //
이 겨울 / 인연의 끈에 / 매달린 연을 잡다.

—「겨울나무」 전문

이 글은 인연의 끈에 매달려 살아가고 있는 인생을 되돌아보며 회고하는 성찰적 태도가 잘 드러나 있다. 김 시인의 글에서는 실존의 문제들을 많이 다루고 있다. 인생의 문제를 겸손하면서도 진솔한 자세로 비유기법으로 환치시켜 표출하고 있다. 수유(須臾)와 같은 인생, 인생의 나이테를 그어보면서 또다시 한 해는 흘러가고 나뭇가지에 잠시 머물다 가는 박새처럼 서정적 자아는 인연의 끈에 매달려 살아가는 자신을 발견한다.

작가의 심연에서 흘러나오는 시상들은 체험적 진실이 그 생존법칙이다. 전철을 밟아온 삶의 무게에 따라 그 시적 표현들의 무게도 달라진다. 따라서 작가들은 대상 즉 제재에 체험적 시혼을 불어넣고 독자들의 공감을 기대한다. 단, 여기서 현실적 체험들의 결과물인 시적 표현이 공감을 얻으려면 객관성과 보편타당성을 획득하여야 한다. 말장난뿐인 시어의 나열들은 진실성이 결여되어 독자들에겐 휠링(feeling)의 맥이 끊어져 외면 받게 된다. 그러나 김 시인의 시에서는 이러한 진솔한 인생체험이 적절한 시어와 시상으로 표출되면서 성찰과 순명의식으로 드러나 있어 읽는 이의 가슴을 울려 준다.

> 땀 흘린 사람에게는 나이가 없다
> 어릴 적 비춰본 이발소 체경(體鏡)에는
> 저 뒤로
> 순서가 밀린 더벅머리 소년이 있다.
>
> 아직도 풀지 못한 삼각함수 있었나
> 나이는 묵힐수록 발효(醱酵)되지 않는 것
> 새치는
> 먼 순항길에 열병(閱兵)하듯 일어서다.
>
> —「나이에 대하여」 전문

이 글에는 인생 역정을 지나쳐온 작가의 실존적 현실이 겸손하게 나타나 있다. 땀 흘린 사람에게는 나이가 없다는 표현은 무엇이며, 또한 나이는 묵힐수록 발효되지 않는다는 표현은 무엇인가? 어찌 보면 역설적이기도 한 이러한 표현 속에는 시적 자아의 삶의 궤적이 매우 힘겨웠고, 평소 자신의 부족함을 알고 겸손을 실천하고자 하는 작가의 인품이 잘 드러난 경우라고 볼 수 있다. 삶의 수렁에서 허우적거리며 허겁지겁 살다보면 어느 틈엔가 주름살이 끼이고 나이든 줄도 모른다. 어릴 적 이발소의 체경에 비춰져 있던 소년시절의 모습이 엊그제 같다. 보통 사람들이 나이 들면 스스로 인생이 농익어서 발효되어 달관한 듯 자처하지만, 김 시인의 인생관은 그들과는 다르다. 나이 든 체 하지도 않고, 아직 풀지 못한 삼각함수처럼 미결된 인생문제도 많고 이렇다 할 이루어 놓은 족적도 없기에 삐죽삐죽 솟아나오는 새치 머리칼을 보고서 그저 안타까워하고 있는 것이다.

어린 아이 심정으로 돌아가지 않으면 감동을 주는 좋은 글을 쓸 수 없다. 이 글에는 나이 어린 더벅머리 소년으로 돌아가 겸손하게 삶의 궤적을 반추해 보고 있다. 문학의 보편적 가치를 평가할 때 품성에 따른 작가의 인생관과 세계관을 외면할 수 없다. 이 글에 나타난 '겸손과 순수'는 순명적이며 천부적인 감성에서 우러나온 김 시인의 대표적 이미지일 것이다.

> 비가 와도 가물어도 물꼬를 내지 않고
> 비바람 햇빛만으로 올벼가 익어가는
> 그 순종(順從) 들풀로 뻗어 산 그리메 그리다.
>
> –「천수답」 전문

이 글을 읽으면 노자의 '무위자연(無爲自然)'을 떠올리게 된다. 노자는 인간사회의 혼란이 무위가 아닌 인위적 요소들의 실행에 있음을 지적하고 자연의 흐름에 순응하고 거슬리지 않는 무위적 삶의 가치관을 강조하였다. 맹자(孟子)도 '순천자흥 역천자망(順天者興逆天者亡)'이라 말하면서 하늘의 이치에 순응하며 살아가는 인생이야말로 승리하는 삶을 살아갈 수 있다고 피력하였다.

이 글은 비록 단시조이지만, 이러한 작가의 인생관 · 자연관이 잘 표현된 글이다. 이 글에서 유심히 눈여겨 보아야 할 곳은 종장이다. 이 글의 종장에서 작가는 질펀한 '논'의 개념과는 다소 동떨어진 시어 '산'을 차용했는데, 여기서 '산'은 하나의 산만을 지칭하는 것이 아니고 자연을 대표하는 대유적 표현기교로 쓰인 것으로 분석된다. 따라서 '산 그리메 그리다'라는 표현은 산문(山門)에 들어 자연에 순응하면서산 그림자 같은 삶을 추구하고자 하는 작가의 순명적 인생관을 드러낸 시구이다.

이 밖에도 〈오후 한 때〉, 〈검버섯〉, 〈인생 계단〉, 〈추분 무렵〉, 〈하지 날〉 등에도 자아성찰이나 달관의 경지, 그리고 순명의식 등에 관한 내용들이 잘 나타나 있다.

3. 사물에 대한 관조와 물아일체

글을 구성할 때에는 묘사와 진술이 균형과 조화를 이루어야 한다. 흔히 하나의 사물을 놓고 그것을 소재로 시를 쓸 경우, 묘사적 표현기교에만 치우쳐 교훈성과 같은 내용적 가치를 소홀히 다루기 쉽다. 그렇게 될 경우 작품세계의 진솔함보다는 기교에만 치우쳐 현학적(衒學的)이며 말장난이라는 혹평을 받기 쉽다. 바람직한 글에는 표현상의 예술적 가치와 내용상의 의미적 가치가 공유 · 내포되어 있어서 독자들에게 깊은 감명을 준다. 즉 표현 기교와 내용적 의미가 공존하며 조화를 이루어야 한다는 말이다. 김 시인은 이러한 창작상의 문제를 소재물로 제시된 대상과의 '교감(交感)' 이라는 접근법을 이용하여 잘 극복해 내고 있다.

잎새는 물이 들어
저 갈 데로 날아갔고

키 작은 바람이 와
술래잡기 하자는데

적막을
흔드는 가지
겨울눈을 떠 보라.

－「나목(裸木)에게」 전문

이 글을 읽으면 겨울 앙상한 겨울 나목과 시인이 서로 만나 대화하면서 교감을 나누는 모습을 금방 연상할 수 있다. 하나의 소재로 택해진 사물을 글로 나타내려 할 때 대상과 작가와의 교감적 관계가 형성되지 아니하고선 좋은 글을 쓸 수 없다. 이때 객관적 상관물로 제시된 사물에 대한 특성이나 속성을 잘 파악하고 창작에 임해야 한다. 그래서 표현기법으로는 의인법에 의한 비유가 많이 등장하게 된다.

가을철 울긋불긋한 잎새들은 다 저 갈 데로 가고 적막 속의 앙상한 나목의 겨울눈이 떠지기만을 고대하고 있다. 이 글이 던져주는 암유적 멧세지는 '정중동(靜中動)', 즉 고요 속의 생명감 추구이다. 글이 길어서만 좋은 것은 아니다. 시조의 맛과 멋이 압축과 간결에 있다면 이 단시조는 그러한 시조만의 특성을 잘 이용하여 부활의지를 살려낸 좋은 글이다.

> 먹물로 그어 올린 대나무 마디마디
> 부챗살 사이마다 잎으로 솟아나서
> 흔들면 대숲 바람이 이마부터 지난다.
>
> 해질녘 툇마루에 햇살이 비켜서서
> 부채끝 짝 펴면 저 하늘 가린다며
> 내 생각 반으로 접어 바람으로 날린다.
>
> –「부채를 펼쳐들고」 전문

이 글은 작품 내 쓰여진 소재들이 1연과 2연에서 서로 충돌하는 교묘한 대칭을 이루면서 차원 높은 시상의 종결을 유도하고 있다. 제1연에서 부채에서 불어나오는 대숲바람을 만끽하다가 제2연에서는 햇살을 들어 부챗살이 하늘을 가리니 짝 펴지 못하도록 제동을 거는 것이다. 이 글에서 부챗살과 햇살은 무엇을 암시하는가? 햇살과 하늘은 부챗살을 펴들고 대숲바람을 즐기며 만용에 빠진 자아를 경계하며 정명한 세계로 인도하려는 의도적 소재이다. 이러한 시상 구도는 공유와 공존, 그리고 상생을 의식하며 스스로의 만용에 제동을 걸려는 작가의 독특한 인생철학에서 우러나온 발상이리라. 그리하여 종장에서는 내 생각을 반으로 접어 참빛을 따라 스스로를 낮춤으로서 안분지족(安分知足)의 도를 지향하려 한다. 이러한 자기 제어와 겸손철학의 주제의식은 작품 전반에 걸친 김 시인의 화두로서 독자들에게 많은 감동을 준다.

> 온 몸이 본시 검어 가리는 게 없더니
> 그날 받은 멸시가 뻘이 되어 굳어 갔다
> 아무나 발을 넣으면 가자는 데 갔었지.
>
> 타고난 천한 신분 누구 탓도 아니어서
> 엎드려 아뢰기를 불러만 달랬더니
> 오늘은 민속박물관 진열장에 좌정(坐定)하다.
>
> –「검정 고무신」 전문

김 시인의 처세관은 위세보다는 겸허를, 윗자리보다는 아랫자리를 택한다. 이 글에서도 의인화된 검정고무신은 서민적 이미지의 표상이다. 고도의 산업화와 물질주의가 팽배한 현실 세계에서 구시대의 유물인 검정고무신은 설 자리를 잃었다. 아무도 이용해 주지 않는 애물단지로 전락하여 버림받은 존재가 되어버렸다. 그러나 하나의 사물은 보는 이의 관점과 가치관에 따라서 엄청난 존재가치의 차이가 생긴다.

김춘수(金春洙) 시인이 말하였듯이, 하나의 꽃은 꽃이라 이름 불러줄 때 비로소 진정한 꽃이 되는 것이다. 시인은 하나의 사물에 이름표를 붙여주는 존재이다. 그리고 하나의 사물은 자기 몸에 이름표를 붙임으로서 생명력을 얻으며 존재가치와 의미성을 부여 받는다.

이 글에서 작가는 검정고무신을 새로운 시각으로 관조하고 있다. '가난한 시절의 추억어린 애환이 깃든 소중함과 희소가치'라는 인식은 그것을 상종가로 끌어올린다. 이러한 관점으로 김 시인은 검정고무신을 구시대의 유물로서 버려진 존재, 잊혀진 존재, 천한 존재에서 '민속박물관에 좌정'한 귀한 존재로 격상하여 생명력을 부여해 주고 있다.

목련은 하오를 / 기다리지 않았다 //
목에 건 스카프를 / 하늘 닿게 밀어 올려 //
박혀진 옹이들마저 / 눈을 뜨고 일어났다.

지나는 이승의 / 업보(業報)를 헤아리며 //
깊어진 갈증으로 / 쏜 끝마다 시름인데 //
흰 꽃잎 고운 이름이 / 뽀얗게 피어난다.

–「흰 꽃잎」 전문

논어 팔일(八佾) 편에, '회사후소(繪事後素)'란 말이 있다. 내면의 순수 밑바탕이 먼저 갖추어져 있어야 그림을 그릴 수 있다는 말이다. 김 시인은 세속의 때가 묻지 않은 순수 바탕의 소유자이다.

이 글에서 '흰 꽃잎'은 무엇을 의미하는가? 제1수에서 제시된 목련을 의미하기도 하겠지만, 작가가 늘 희구하며 지향하고 있는, 세속의 때가 묻지 않은 순결과 순수의 시적 자아를 의미하기도 한다. 한 많고 험한 세상, 둘러보면 모두가 다 시름뿐인데 시인의 업보를 풀어주고 마음을 깨끗이 정화시켜 줄 순수한 안식처가 어디 만만히 있을 법한가. 그래도 그냥 아침을 좋아하는 목련과 같이 그런 순정한 대상을 찾아 바라보며 감정을 이입하여 마음을 달랠 뿐이다. 이 시조에는 목련꽃과 같이 순결하고 우아한 인생을 살아가고자 하는 작가의 소망과 의지가 뽀얗게 피어나고 있다.

원래는 아니었다
이렇게 둥근 아구

튀는 허리 배불뚝이
불쑥 내민 주둥아리

뚫린 입 제멋이라고
이렇게도 열어놨나.

콧등에 내려앉은
실낱같은 잠자리가

힘겹게 날갯짓하며
부끄러운 그 뱃심을

하늘로 끌어올리며
땀을 씻고 있구나.

－「항아리 곁에서」 전문

이 글은 병치은유(竝置隱喩)의 모습을 띤 독특한 형태로 구성되어 있다. 휠라이트(Philip Wheelwright)는 시에서 은유의 진수는 의미의 옮겨놓기가 아니라 병치(마주 놓기)의 관계에서만 보다 철저히 밝혀질 수 있다고 하였다. 은유기법의 형태에는 치환은유(置換隱喩, epiphor)와 병치은유(竝置隱喩, diaphor)가 있는데, 치환은유가 말하고자 하는 두 사물 간의 유사성에 의해 유추되는 일반적 은유기법인데 비해, 병치은유는 서로 특성이 대조되는 두 사물을 병치시킴으로써 신선한 긴장감을 조성하고 새롭고 독특한 의미를 창조해 내는 은유기법이다. 이 글에서의 '항아리'와 '잠자리'는 서로 대조적 이미지를 던져주고 있다.

여기서 '항아리'와 '잠자리'는 병치은유의 성격을 띠고 있다. 항아리는 사람에 의해 만들어진 기물로서 배부르고 뭉뚝한 허리에 튀어나온 주둥이를 가지고 있다. 특히 몸집에 비해 크고도 둥근 아구는 항아리가 욕심 많고 말 많은 존재라는 것을 은근히 암시해 주고 있다. 반면에 잠자리는 아궁이 큰 항아리에 비해 대조적으로 작고도 욕심이 없고 자연의 순리에 종속된 미물로서의 순수 존재를 암유한다.

아마도 이 글에서의 잠자리는 아구 큰 세상을 바라보는 시적 자아의 모습이기도 할 것이다. 덩치 큰 항아리와 대치하고 있는 미물의 잠자리가 어찌 상대방에 대적할 만한 존재가 될 수 있단 말인가? 그러나 입 벌린 항아리의 콧등에 내려앉은 잠자리는 욕심 많고 말도 많은 세상을 비웃기라도 하듯, 부끄러운 그 뱃심을 천심으로 이끌려고 땀 흘리며 날갯짓을 하고 있다.

이 글은 정경묘사가 뛰어나고 독특하며, 병치은유의 기법을 도입하여 시상을 전개하여 독자들에게 신선한 감각을 제공해 준다.

4. 향토정신과 회귀 의식

인간은 동물과 마찬가지로 회귀본능(回歸本能)을 지니고 있다. 동물의 회귀 성향이 그들의 서식 장소나 산란장소를 중심으로 이루어진 귀소본능(歸巢本能, homing instinct)쪽에 있다 하면, 인간은 태어난 고향은 물론, 모성, 연고지나 장기 체류지 등, 사랑과 인정의 체험 장소를 중심으로 회귀 성향이 이루어진다.

종점이 가까워서 서 있어도 그저 좋은
명일원(明逸院) 마굿간이 여기쯤 된다던가
마패를 꺼내 들고서 집표기를 때린다.

불 꺼진 양로원에 문이 닫힐 즈음이면
공항을 떠난 전철 막차로 달려와서
잊혀진 선사유적지 부싯돌을 긋는다.

—「명일역 부근」 전문

* 명일역 : 서울도시철도 5호선(방화–상일)에 있는 역, 고려 성종11년(994년) 공무로 출장 중인 관리의 숙박소인 명일원(明逸院)을 둔 데서 유래함

인간의 회귀 본능은 애향심과 관련이 깊다. 김 시인의 고향은 멀리 남도지역이나, 서울 명일동에서 오랫동안 정을 붙여 살면서 제2의 고향으로 각인되고 있다. 명일동은 서울의 동쪽 끝자락에 있지만, 그 옛날 지방 나들이 벼슬아치들의 숙박 장소로 이름났던 곳이고, 인근에 유서 깊은 선사유적지가 있어 배달민족인 우리에겐 역사 시원(始原)의 명소이다. 김 시인은 지하철을 타고 다니면서 어디서든지 돌아올 때에는, 말을 타고 다니며 들렀던 옛 선비들의 정취를 되새기고 태곳적 시원의 품으로 되돌아오듯 부싯돌을 그어 선사유적의 조상 숨소리에 젖곤 한다.

이 글은 해 뜨는 강동의 애향심을 잘 살려내고 있다. 이 글에서 가장 유심히 보아야 할 곳은 제2수의 종장이다. 여기서 시어 '부싯돌'의 시적 의미는 무엇인가? 꺼져버린 역사에 새로이 불씨를 살려내는 새 생명 탄생의 상징이 아니던가. 작가는 잊혀진 선사유적지에 부싯돌을 그음으로써 새로운 역사의 부활을 꿈꾸고 있는 것이다.

강물에 손을 적시니
다름없는 물인데

손끝에 묻어오는
배달족 흔적들이

새색시
귓불 붉히듯 무안하게 당기네.

국경을 잇는 다리
발길을 막아서고

출렁이는 강안(江岸)에는
누런 빛 둔덕들이

만주벌
도문(圖門)에 와서 두만강을 안아보네.

빈 가슴 열고 서니
말문이 열리누나

저 건너 비탈진 밭에
곡식은 익었는가

푸른 물
굽돌아가는 말 못하는 강심(江心)이여.

—「두만강가에 서서」 전문

이 글은 두만강가에서 북한 쪽을 바라보며 민족분단의 아픔을 진솔하게 표현해 낸 글이다. 강(江)의 이미지는 언제나 끊어지지 않고 유유히 흘러가는 역사이다. 그러나 단절의 비극을 안고 있는 강심(江心)은 속으로는 한 많은 사연을 품고 있으면서도 겉으로는 무심하게도 애타는 순례자의 가슴을 외면하고 있다. 작가는 이심전심의 강심이 푸른 물을 굽돌아 언제나 회심의 그 땅에 닿으려나 하고 서원하고 있다. 다리가 있어도 건너가지 못하는 안타까움 속에서 순례자는 민족의 처연한 현실 앞에 한탄곡을 노래하고 있는 것이다.

기행시의 특징은 보고 들은 것, 즉 견문을 감상과 함께 써 나간다는 사실이다. 시적 체험을 재구성할 때 특히 기행시에서는 객관성과 주관성이 균형 있게 유지되어야 한다. 이 글에서는 민족 분단의 서글픈 현실이라는 객관성과 현장에서 느낀 주관적 감상이 조화를 이루어 읽는 이의 마음에 감동을 준다.

음폭(陰瀑)으로 그린 비경 속계(俗界)인가 선계(仙界)인가
무지갯빛 물보라에 여심의 기운 서려
팔 벌려
안아 본 탄성 소(沼)에 고여 더 푸르다.

난계선생 피리소리 한 오백년 내려와서
끊길 듯 이어지는 비단폭에 휘감기니
저절로
신선이 되어 그 비경에 잠기더라..

– 「옥계폭포(玉溪瀑布)*에서」 전문

* 옥계폭포 : 양폭(陽瀑)이 아닌 음폭(陰瀑)으로서 충북영동에 있는 폭포

이 글은 옥계폭포(玉溪瀑布)를 관람하고 나서 쓴 기행시조이다.

옥계폭포는 충청지역 폭포 중 가장 아름다운 장관을 연출하고 있는 여성 상징의 음폭형(陰瀑形) 폭포이다. 이 글에서도 시인의 감성은 물아일체의 경지를 읊어내고 있다. 음폭 전설의 신비로운 자연 비경 속에 난계(蘭溪) 박연(朴淵)의 음률까지 가미해 조화를 이룬 이 정경에 취해 작가는 무아의 경지에서 탄성을 금치 못하고 있는 것이다.

이어령(李御寧)은 그의 수필을 통하여 동서양 문화의 차이를 '폭포'와 '분수'에 비유한 바 있다. 동양문화는 자연의 질서를 거스르지 않는 '폭포문화'이고, 서양문화는 자연의 질서보다는 인간의 인위적 가치를 중시하는 '분수문화'라는 것이다. 이 논리는 참으로 적절한 비유라고 생각된다. 옥계폭포에 가면 한 폭의 동양화에 취하는 듯 이러한 동양적 자연관에 몰입하게 되는데, 김 시인은 이 글을 통하여 인간을 자연의 일부로 보고, 노자의 도덕경에 나오는 '무위자연'과 같은 동양적 자연관을 초월자의 자세로 노래하고 있다.

시는 새 발견이며 새로움의 예술이다. 시인은 '나무 그늘의 뼈'까지도 발견해 낼 수 있는 투시력과 안목을 가져야 한다. '돌에서 피를 뽑아낸다'는 김수영의 말과 같이 척박한 땅에서도 새 생명의 원형질을 추출해 낼 때, 작품의 미적 가치는 한층 높아질 수 있다.

이 시조집은 김차복 시인의 고결한 성품과 농축된 체험이 넘쳐흐르는 그윽한 문향의 자취이다. 김 시인은 성품이 순수하고 조용하며 지극히 겸허한 스타일이다. 그러기에 그의 시에는 지나침이 없고 사려 깊으며 샘물처럼 맑고 가슴에는 늘 시심의 불이 켜져 있다. 이러한 순수한 시심과 다스림의 미학이 이 시집의 얼굴이다. 이 한 권의 시집이 어둡고 음울한 현실을 밝게 비춰주고, 독자들의 심금을 울려서 맑은 영혼의 울림으로 만방에 울려 퍼지기를 기대한다.

(2013. 2. 10)

김태희 제2시조집, 『그날의 소금밭』 작품 평설

자연 친화와 영성 회복의 미학

공자께서는 게으른 젊은이들을 책하셨다. "젊은이들아, 너희들은 어찌하여 시를 공부하지 않느냐, 시는 감흥을 일으키며 사물을 관찰하게 하고 문우를 사귀게 하며, 비평의 눈을 갖게 하며 가까이는 부모를 섬기고 멀리는 임금을 섬기며 조수나 초목의 이름까지도 많이 알게 된다(小子, 何莫學乎詩. 詩,可以興,可以觀,可以群,可以怨,邇之事父,遠之事君,多識鳥獸草木之名)"라고 훈계하셨다. 사람은 경우에 따라 누구나 다 시인일 수 있다. 그러나 누구나 다 시인이 되는 것은 아니며 시인이 되려면 시인다운 타고난 성정과 그에 따른 바탕 지식을 갖추어야 한다.

현대사회의 영적 병폐는 물질제일주의와 편의제일주의로부터 비롯된다. 현대의 젊은이들은 마음의 수양보다는 물질적 풍요로움만 추구하고, 깊이 생각하고 수고하고 땀흘려 학문에 전념하기보다는 쉽게쉽게 돈 벌고 편한 인생만을 도모하려든다. 그러다 보니 대부분의 사람들도 세속적 생계수단에만 매달리고 인생 잡사에 쫓기어 정서적 안정이나 아름다운 감성의 본향은 끝내 찾아가질 못하고 아무런 족적 없이 허무한 인생을 마치게 된다.

시집을 증정했는데, 어느 날 그 증정한 시집이 쓰레기통에 들어가 있는 것을 발견했다는 어느 시인의 말은 우리를 슬프게 한다. 그렇지만, 진지한 문학적 대화를 시도해 보거나 시집을 내밀었을 때 의외로 크게 관심을 보이는 사람들도 많다. 그들 중에는 선배 문인들과의 접촉을 시도하며 새로이 개안(開眼)을 하고, 자연과 사물에 대한 새로운 의미를 찾고 참다운 삶을 추구하면서 인생을 반추해 보는 언표행위(言表行爲)를 통하여 스스로가 시인이 되기도 한다.

김태희 시인은 오랜 세월을 두고 잡티를 걸러낸 정수 같이 문학가로서의 성정이 반듯하고 순수하다. 그래서 그의 시는 참다운 삶의 의미를 깨달아 토해내는 세상 안목과 자연에 대한 깊은 사유와 교감이 신선하고 남다르다. 6.25를 겪어내고 월남전에 참여하고 세파에 휘둘린 그는 가파른 인생길을 헤쳐 나와 오랜 인생 경륜에서 얻어낸 삶의 궤적들을 나무와 풀과 꽃을 통하여 그리고 인생길의 선로에 놓인 그리움과 사색을 통하여 실타래 풀어내듯 풀어낸다.

1. 자연친화 정신과 생태보존 의식

현실을 지켜내는 생계 수단으로 물질적 가치를 앞세우는 현대인의 생활 패턴은 사람들을 강퍅하고 몰인정하게 내몬다. 자연은 원초적 가치 창조의 저장소이며 영적 에너지의 발전소이다. 자연으로 돌아가 교감하고 대화하며 내밀한 영적 가치를 중시하는 김 시인은 이러한 원리를 스스로 터득하여 자연회귀의 귀소본능적 영감을 가지고 그의 작품 세계를 펼쳐 보인다. 김 시인의 자연친화 정신은 그의 시 전체적으로 대종을 이루고 있다. 그의 시 중에는 공자께서 시 공부를 게을리 한 젊은이들에게 시 공부의 이점(利點)으로 예시한 '조수초목(鳥獸草木)' 중 '초목'의 무리들이 시상 전개의 날개가 되어 작품 전체의 흐름을 이어가고 있다.

A

들국화 피어난 길 천고마비 부릅니다
구절초에 쑥부쟁이 파란 하늘 하얀 마음
모두가
바람 앞에서
흐드러지게 웃습니다.

적어도 이 들길엔 너도나도 꾸밈없이
바람 결에 앞섶 풀어 앙가슴 가득한 곳
하늘 차茶
한 잔 마시며
한 사나흘 묵고 싶다.

—「들국화 핀 길에」 전문

B

엉겅퀴도 가시 풀도 질경이와 어떤 풀도
사람의 발끝에서 피어나게 그냥 두자
저절로 피어서 놀다 때가 되면 사라지게.

앉은 데서 피든지 날아가서 피든지
제멋대로 피게 두자 밉게 피든 곱게 피든
뭇사람 눈길을 보고 의식을 하든 말든.

—「저절로 피게 두자」 전 4연중 1,2연

글 A에는 자연 속에 동화된 서정적 자아의 순수한 심성이 맑은 가을하늘처럼 펼쳐져 있다. '들국화', '구절초', '쑥부쟁이'는 파란 하늘 하얀 마음에 어울리는 자연적 소재들이다. 논어에 "회사후소

(繪事後素)"란 말이 있다. 그림 그리는 일은 흰 바탕이 먼저 마련된 후에라야 가능하다 뜻으로 본질이 제대로 갖춰진 후에 일이 이루어진다는 의미이다.

김 시인은 이러한 바탕이 잘 갖춰진 순수한 시심의 소유자다. 그는 체험과 관찰을 통해서 얻어진 사물의 속성 인식을 그에 몰입된 물아일체(物我一體) 물심일여(物心一如)의 감정이입 수법으로 그들과 대화하면서 자연스럽게 시상을 전개해 나간다. 그의 심성은 해맑고 자연친화적이어서 그래서 그는 들국화 옆에서도 하늘차를 마시며 한 사나흘 묵고 싶어한다.

글 B에는 김 시인의 자연사랑과 생태보존적 안목이 두드러지게 나타나 있다. 작품의 곳곳에 생태환경과 자연 상실의 아쉬움이 드러나 있다. 상생과 공생, 그리고 인간의 관심을 통해서 자연을 보존하고 작가 또한 그러한 자연 속에 동화되고 싶어하는 심정이다. 이러한 작가의 작시태도는 인간 사회의 과욕으로부터 비롯된 생명 파괴의 현실을 고발하려는 '생태시(Ecopoetry)'와 깊은 관련을 맺고 있다. 생태시는 자연생태 파괴와 환경오염을 불러일으킨 정치 · 사회적 원인들을 찾아내고 고발함으로써 독자들의 비판의식을 일깨우고 개혁을 촉구하며, 인간과 자연이 상생 관계를 유지함으로써 녹색환경을 되찾으려는 데 그 목적이 있다. 인간은 자연을 지배하고 관리한다는 빌미 아래 환경을 뒤바꿔 놓지만, 종국에는 생태파괴로 인한 무서운 자연재해로 되돌아와 인간의 삶까지 위협 받게 된다.

김시인은 자연과 인간의 생명성과 공생관계를 간파하고 생태학적 관심과 깊은 통찰 체험을 통해 '자연은 있는 그대로 놔두는 게 상책이다.'라는 점을 인식한 작가이다. 그래서 그는 글 B에서 '저절로 피게', '밉게 피든 곱게 피든 그냥 놔두자'라고 힘주어 노래하고 있다. 김시인의 자연관은 상생적 무위자연(無爲自然)의 도가적 세계관에까지 접맥되어 있으며, 자연과 인간과의 교감으로 무위자연에 기초하여 현대의 인위적인 물질제일주의를 은근히 비판하면서 노자(老子)의 자연친화 사상과 근접한 무욕적인 삶의 자세를 제시해 주고 있는 것이다.

이러한 자연사랑과 생명의식은 「나무, 생명의 언어」, 「아침에 핀 소리」, 「잡초」, 「무궁화, 생명의 꽃」, 「참나무 소리를 듣다」등 여러 군데 나타나고 있어 작품의 교훈적 가치와 더불어 신선감을 더해 주고 있다.

2. 사랑과 회억, 그리고 기다림의 미학

시인은 감성이 예민한 낭만파이거나 곡진한 고행을 겪어냈거나 상처를 많이 지닌 가슴이 유리하다. 그러한 면은 잊을 수 없는 추억이나 사랑, 그리고 향수나 연가풍의 시상을 통해서 잘 나타나는데, 때때로 작가는 낭만주의자가 되기도 하고, 귀소본능을 지닌 향수주의자가 되기도 하고, 슬픈 보헤미안의 길을 가기도 한다.

김 시인은 송나라 때 구양수가 말한 "시궁이후공(詩窮而後工)"의 작시 논리에 걸맞은 진실성 짙은 시인이다. 그만큼 그는 체험적 진실성을 지닌 시인이기에 그의 시에는 인생 궤적으로부터 빚어져 나온 연정(戀情), 아가페적인 자비심, 아름다운 추억 등이 파노라마처럼 거침없이 전개된다.

A

저 고단한 눈시울을 하얗게 쌓으면서

짜디짠 세월 속을

어떻게 견뎠을까

서둘러 버리고 싶어도 버리지 못한 나날들.

햇살이 파고드는 팔월이 다 갈 때쯤
검게 탄 염부들 삶
기억하는 이 있을까
달빛 찬 소금 창고엔 또 비릿한 추억 가득.

침묵과 희게 빛난 그런 눈빛 주고 받다
얼음처럼 달라붙어
단단하게 엉겨붙어
한 금씩 차브덕차브덕 바닷물은 차오르고.

—「그날의 소금밭」 전문

B

홀로 있는 / 햇살 한 줌 / 밤 소리 들인다
가슴 속 밑동까지 / 가라 앉은 외로움
그렇게 머금었으니 / 더 야윈 / 노송 하나

—「내 집의 아버지」 전문

C

통째로 봉하고서 보내는 내 입술은
그리움의 전부를 이렇게 녹여 넣고
한 번쯤 이 진한 마음 배달하고 싶어서요

힘들고 어려울 때 마주한 날 생각하며
한 자 한 자 촉촉한 은실로 꼬아 만든
첫사랑 나뭇잎 시도 붙여서 보냅니다

나의 몸 안으로 와 사랑의 씨 담근 눈물

기러기 날개 위서 하늘만큼 땅만큼

기억이 두근거리는 가쁜 숨도 들으소서

-「연서」 전문

글 A의 「그날의 소금밭」은 김 시인의 지난한 인생 속에 녹아든 향수와 추억의 단면을 보여주는 글이다. 짜디짠 세월 속에 견뎌낸 하얀 소금은 어쩌면 작가가 동경하는 작가의 모습일지도 모른다. 그래서 검게 탄 염부들은 거친 풍상을 겪어낸 자신의 모습이요, 또한 아름다움으로 기억될 고귀한 추억인 것이다. 비록 지금은 바닷물이 찰랑찰랑 한 금씩 차오르고 있지만, 그 추억 속의 소금밭은 꺼지지 않고 살아서 삶의 자양분을 제공해 주고 있다. 시인은 추억을 먹고 살지만, 또한 참된 시인은 그것을 재생산해 내는 생명력을 지닌다. 김 시인의 이러한 작시 능력은 추억과 향수를 통하여 새 생명의 에너지를 퍼올리고 있다.

글 B가 아버지에 대한 연민의 정을 노래했다면, 글 C는 이성간의 연심(戀心)의 정을 표현한 글이다. B의 종장에 표현된 '더 야윈 노송 하나'는 쇠잔해 가는 노약한 아버지를 비유하고 있으며, 종장 말구를 명사로 끝냄으로써 아버지에 대한 가슴 찐한 연민의 정과 여운을 남겨두고 있다.

글 C에는 서정적 자아의 절실한 연모의 정을 배달하고픈 구애적 연정이 간절하게 드러나 있다. 진한 사랑의 표시인 입술을 통째로 봉하여 배달하고프다는 자아의 심리 표현도 재미있거니와 첫사랑 나뭇잎 시(詩)도, 두근거리는 가쁜 숨도 함께 동봉한다는 표현이 참신성을 더해주어 작품성이 매우 뛰어나다.

D

가린 눈 어둠 너머 밝은 세상 어떨까
좌절의 지하까지 파보고 산 그녀의 심지
그래서 지금 그녀는 늘 환하게 웃는다

저 작은 앞마당에 먼지 한 톨 없이 살고
화분엔 꽃을 피워 푸른 마음 둥둥 띄운
그녀는 희망 하나를 꼭 품고 살고 있다

"줄기세포 실험이 성공하는 그날이 오면"
"그립던 그 무엇도 다 볼 수 있을 거예요 "
"10년은 또 얼마든지 기다릴 수 있어요 "

–「그녀는」 전문

E

쇳돌을 실어 나르던 / 오랜 기억 감추고
떡 하니 버티고 선 / 녹슨 기찻길은
막 떠난 / 제천행 열차를 / 표정없이 바라볼 뿐

하얗게 지은 역사 / 저 건널목서 눈을 감은
예뻤던 옛 달천역이 / 잡초 품에서 일어나
익숙한 / 깃발 빼 들며 / 가을빛을 흔든다

–「달천역」 전문

글 D는 시각장애가 된 어린 소녀가 줄기세포 실험이 성공하여 광명의 날이 오기만을 고대하는 심정을 작가의 눈을 통하여 표현한 글이다. 김시인의 눈은 밝고 투명하며 긍정적이고 소망 의지가 빛난다. 그는 주어진 문제가 아무리 어둡다 하더라도 밝은 사고를 가지고 희망적으로 시상을 전개해 나간다. 그렇기 때문에 글 D에서도 '좌절의 지하까지 파보고 산 그녀의 심지' 라도 '그녀는 늘 환하게 웃는다' 라고 표현하며, '화분엔 꽃을 피워 푸른 마음 둥둥 띄운' '희망 하나를 꼭 품고 산다' 고 시상을 펼쳐놓고 있다.

글 E는 시대의 뒤안길로 밀려난 달천역에 시적인 생명력을 부여하여 그 추억을 되살리고 잔잔한 감동을 불러일으키고 있다. '익숙한 깃발' 은 무엇인가? 역무원이 흔들어대며 기찻길의 살아있음을 증명하던 신호깃발이 아닌가? 녹슬은 기찻길, 눈을 감은 달천역이지만, 이제 시인의 의미부여에 따라 잡초품에서 일어나 익숙한 깃발을 빼들며 가을빛을 흔들어대고 있다는 표현이 실감을 더해준다.

진정한 시인은 사물에 이름표를 달아주는 존재다. 「그날의 소금밭」처럼 이름표를 달아줌으로써 꺼져가는 사물에 새로운 의미가 부여되고 생명력을 부여받는 것이다. 김 시인의 시에는 이런 김 시인다운 작시법이 곳곳에 드러나 있으며, 이것이 심연 깊은 곳에서 솟아오르는 샘물처럼 작품세계의 전반에 흘러넘치고 있다.

이러한 사랑과 추억, 그리고 기다림의 미학은 이밖에도 「추억 하나 잃어버린」, 「그해 겨울 목행리」, 「가고 오는 곳에」, 「사랑이 떠난 자리」, 「상사화 앞에서」, 「소록도의 아픔」 등에도 잘 나타나 있다.

3. 수행자로서의 달관과 초월의식

시인이 수준 높은 진정한 시인일 수 있는 것은 절제와 다스림의 미학을 겸비한 구도자의 모습을 지닐 때이다. 간혹 방만한 자세로 일탈의 모습을 자랑스럽게 생각하는 수도 있으나, 그것은 다스림의 경계를 염두에 둔 실험일 뿐이다. 일찍이 향토에서 많은 자연체험과 연단을 거치고, 뜨거운 햇살 아래 엉겨 붙는 소금밭 같이, 씀바귀 뿌리 내리듯 오랜 인생 경륜을 쌓아온 김 시인은 수행자로서의 사유의 깊이가 깊고 달관의 경지에 오른 초월의식이 남다르다.

A
한줄기 바람결에
실려오는 풍경 소리

일상의 잡티들이
수백 리 날아와도

그물에
걸리지 않는
저 청아한 울음아

—「풍경소리」 전문

B
낙엽이 쿵! 쿵! 무섭게 떨어지니
가슴도
심장도 멎는 것 같습니다.
저 낙엽
한 장 무게가 얼마나 무겁기에

고운 낙엽 그 한 장에 물이 든 그 곱기가
얼마나
아름답고 값있게 붉었기에
저 낙엽

만 분의 일 만큼 붉게 살 수 있을까.

— 「낙엽이시여」 전문

글 A을 읽으면 산사의 고요적막 속에서 맑은 명상의 경지에 빠져 있는 시인의 모습을 연상할 수 있다. 이 글에서 '풍경소리'는 고요적막 속에 실낱같은 음파를 퍼지게 하여 고요를 깨트림으로써 오히려 고요의 존재를 더욱 실감나게 인식시켜주는 매개체의 역할을 하기도 하며, 잠자는 영혼의 잠을 깨워주기도 한다. 그 청아한 울림으로 탈속의 경지에 들어가 잡티 많은 사바세계를 벗어나 피안의 세계로 들고자하는 작가의 내면세계가 맑기만 하다.

글 B에 나타난 표현기법은 독특하다. 낙엽이 얼마나 무겁다고 '쿵! 쿵! 떨어진단 말인가? 일반적 통념을 벗어난 이러한 표현은 아마도 시인이 의도적으로 역설적 표현을 함으로써 소위 '낯설게 하기'의 기법을 인용한 것으로 보인다. 낙엽이 떨어지는 것이 너무나 무거워 가슴도 심장도 멎을 것 같다고 한다. 이것은 한낱 낙엽에 불과하지만, 생로병사의 힘든 과정을 다 거친 때 묻지 않은 삶의 존재이며, 그것이 우리 인간에게 시사해 주는 교훈이 너무나 큰 위대성을 지니고 있다는 인식에서 비롯되었을 것이다. 그러한 작가의 시상은 이글의 제목을 극존칭으로 '낙엽이시여'라고 붙이고 있으며, 제2연에서도 우리 인간 존재의 모습이 낙엽의 곱기를 도저히 따를 수 없다고 진술한 것을 보아도 짐작할 수 있다.

김 시인은 우주의 진리를 밝히 보는 혜안(慧眼)을 지니고 있다. 영적 안목이 무디어져서 영원한 평안과 진리를 바라보지 못하는 완악한 현대인들의 눈에는 보이지 않는다. 이 글은 낙엽이미지의 확장으로 낯설음과 신선미를 보이면서 진리를 밝히 보는 혜안으로 고운 인생을 지향하고자 하는 작가의 의지가 표출되어 있으며, '돈오점

수(頓悟漸修)' 의 경지에서 사물을 바라보는 구도자의 자세가 잘 나타나 있다.

4. 농축된 체험적 진실과 실존의식

김 시인은 상상력이 풍부하고 소재 선택의 범위도 특이하다. 이러한 점은 김 시인이 체험적 요소가 다양하고 가슴속에서 샘 솟듯 우러나오는 자생적 정서가 남다르기 때문이다. 인생에 있어 하고 싶은 일을 하는 것은 꿈이며 생명이며 작품세계의 중심에 자리 잡는다. 그래서 시를 좋아하는 사람은 시를 씀으로써 생명의 호흡을 하며 문우들과 교유함으로써 활력을 찾는다.

김 시인은 출판물의 홍수 속에서 날라 들어오는 시집들을 냉대하는 현실 풍토에 서도 보내온 문우들의 시집들을 소홀히 다루지 않고, 일일이 그 정성과 시의(詩意)를 정중히 받아들이며 문사로서의 예의를 표하는 진실한 작가이다.

A
낯모른 시인이 보낸 시집을 받아 본다
산골서 농사 지며 짬 내 썼다는 인사까지
나처럼
시가 좋아서
가슴에 씨를 뿌린다며.

글마다 이랑마다 티 없이 다듬은 흔적
봄이면 또 다른 꿈 싹트는 곁에 붙어
하루가
언제 갔는지

숨 가쁘게 산다 하네.

고맙다고 답을 써서 부쳐야 하겠는데
그 고마운 흙손에다 무슨 말을 보내 볼까
결 곱고
순한 토양에
누가 될까 떨리네.

－「편지」 전문

이 글에는 문우들과 작품을 대하는 김시인의 심성이 얼마나 소박하고 인정 많고 다정한가를 알 수 있다. 답장을 하자니 '결 곱고 순한 토양에 누가 될까' 떨린단다. 자기가 최고인 양 상대방을 폄하 공격하며 강퍅하기 짝이 없는 자기중심적인 못된 작가들과 얼마나 대조적인가? 자연친화적인 시인은 그 심성이 곱지 않을 수가 없다. 자연을 닮아가는 것은 작가의 성정에 온정의 씨앗을 심는 일이며, 인간 존중과 상생의 원리에 접근하여 진실의 꽃동산에 꽃을 피우는 일이기 때문이다.

대표적인 낭만주의 작가인 워즈워드(Wordsworth)는 자연을 소재로 한평생 시 쓰기를 지속했다. 그는 난해하고 전문적인 시어(poetic diction)를 배제하고 보통사람들의 삶 속에서 살아 숨쉬는 일상적인 대중언어를 사용하여 대중과 호흡을 같이 함으로써 시인으로서의 명성을 얻어내었다. 자연친화적인 김 시인이 자연과 더불어 보통사람의 소박한 정적 영역까지 시상을 확장하여 습작에 임하고 있는 자세는 참으로 바람직한 작가의 모습이라 할 수 있다.

B

가을밤에 싸늘한 도시의 시를 쓴다
별들이 사라진 하늘 말없이 달이 뜬다
밤하늘 입 꾹 다문 채
고개 흘린 외로움에

말은 걸지 않아도 많은 사색 외우며
달빛 끝에 기대여 밤길을 내려보며
고개를 떨구고 있는
내 모습이 시리다

–「도시의 가을 밤에」 전문

인간이 어떻게 사는 것이 바람직한 삶의 방식인가는 인간의 가치를 어디에 두느냐의 생각에 따라 달라진다. 이 글에서는 자아성찰적 위치에 서서 외로움에 쌓여 쓸쓸함을 맞이하고 있는 시인의 실존의식과 현실 감각을 읽어낼 수 있다.

실존(實存)은 본질(本質)에 앞선다. 흔히 대상에 대하여 몰입되어 있을 때는 자아의 중심을 빼앗기고 말지만, 외로움이 찾아들었을 때는 새로운 진면목의 자기를 발견하게 된다. 이 글은 작가 자신이 스스로의 존재적 가치를 재음미하면서 싸늘한 도시에서 시를 쓰고 있는 자아의 참모습을 자화상처럼 그려내고 있다. 자연을 가까이하고 탈속의 경지를 흠모하는 시인이 어느 가을날 밤 도시의 싸늘함 속에서 달빛 끝에 겨우 기대어 자신을 되돌아보고 있는 성찰의 모습이 애련하다. 고개를 떨구며 '내모습이 시리다' 라고 고백하는 시상에서 작가의 실존적 외로움을 읽어낼 수가 있다.

김 시인의 작품 세계는 취재의 범위가 대개 외적 대상물이다. 그러나 윗글 B나 「부재의 시간에」 같은 시에는 작가의 내면세계로 들어와 삶의 언저리에서 느낀 실존의식(實存意識)과 무욕의식(無慾意識)이 드러나 있어 작품 감상의 흡입력을 더해준다.

5. 영혼 뒤안길의 상념과 영성 회복

김 시인은 소박하고 꾸밈없는 자연시인이다. 그의 꿈은 자연 속에서 청사에 길이 남을 생명력 있는 좋은 글을 쓰고 영적으로 가치 있고 의미 있는 인생 족적을 남기는데 있을 것이다. 그러기에 그는 사물을 대한 통찰력이 남다르게 민감하고 삶과 죽음의 문제에 있어서도 구도자적 자세로 영혼의 샘물을 퍼올리며 사유(思惟)의 깊이가 깊다. 「노을은」과 「상가喪家에서」는 그러한 작가의 심성과 작품세계를 잘 보여주고 있다.

A

허공을 물들이며 퍼져가는 저녁 노을
산꼭대기 찔린 해가 선혈로 혼미해진

삶 속에
고통과 희열의

죽음인가
탄생인가

– 「노을은」 전문

B

상가의 영정 앞에 꽃송이 하얀 울음
검은색 위로 피어 흐느낌도 가린 향내
산 자와
죽은 자 영혼
셀 수 없이 쌓인 밤

생전의 사진 앞에 무릎 꿇어 절하며
언제 올지 모르는 순서 없는 슬픔들이
하나 둘
꾸역꾸역 모여
경계선을 넘나들다.

－「상가喪家에서」 전문

윗글 A와 B에는 삶과 죽음의 문제에 대하여 작가의 의식 세계는 물론, 독자들에게도 의문의 화두(話頭)를 넌지시 던지듯 심각하게 다루어지고 있다. 이러한 면은 작가의 독특한 경험적 현상에 강조점을 두고 있으며, 시적 자아는 대상으로부터 지각된 현실에 자아의 의식을 투영하여 현상학적으로 시상을 전개해 나간 솜씨가 뛰어나다.

글 A에서는 "산꼭대기 찔린 해가 선혈로 혼미해진" 저녁노을의 실체를 보고 그것이 삶 속에 나타난 '고통과 희열의 죽음인가 탄생인가?' 라고 주객에게 의문을 던지고 있다. 아마도 작가는 작가의 전체적인 작품세계의 경향으로 보아 그때 노을의 실체를 새로운 '탄생' 의 의미로 볼 터이지만, 작가는 이 심각한 문제에 대하여 오히려 화두를 던지는 화법으로 접근함으로써 시상의 폭을 넓히면서 문을 열어 놓고 독자들의 판단을 유도해 내고 있는 것이다.

그리스의 철학자 디오게네스(Diogenes, BC 412~323)는 "항상 죽을 각오를 하고 있는 사람만이 참으로 자유로운 인간이다."라고 말하였다. 그렇다면 삶과 죽음의 근본적 경계선은 어디이며 그 차이는 무엇인가? 글 B는 이러한 문제들을 상가집의 분위기와 접맥하여 시상을 전개시켜 나가고 있다. 사는 것은 죽음을 향해 가고 있는 것이며 죽은 자는 산 자의 안식을 취하고 있으니, 영정이 지켜보는 상가(喪家)의 밤은, 산 자와 죽은 자의 구별이 없는 이승과 저승의 영혼이 교합하는 장이다. 즉 영정 앞은 두 영혼이 함께 노니는 합동례(合同禮)의 장(場)인 것이다. "언제 올지 모르는 순서 없는 슬픔들", 즉 산 자들의 영혼이 하나 둘씩 꾸역꾸역 모여 들어 생사의 경계선을 넘나드는 영정 앞의 분위기를 시적으로 잘 풀어낸 글솜씨가 매우 돋보인다.

영적 구원의 심각한 인생 문제를 다룬 시들은 이밖에도 「수목장」, 「빈 산」, 「영혼 생각」등이 있다. 이러한 글들은 일상적으로 그냥 지나쳐버리기 쉬운 삶의 현장을 독특한 작가의 눈과 지각을 통하여 사색적 명상적으로 시상을 전개하여 심각한 인생 문제를 사유하면서 삶의 자세를 바로 잡고, 영성회복의 새로운 방향을 제시해 주는 좋은 작시의 예라고 생각된다.

지금까지 김 시인의 시들을 다섯 가지 항목으로 대별하여 조명하여 보았다.

김 시인의 글은 취재의 범위가 자연초목이 많고 거기에서 느낀 작가와의 영적 교감들이 진실하여 작품의 질을 높이고 있다. 그러한 작품들은 오랫동안 농축된 인생 경륜을 통하여 얻어낸 깨달음의 경지를 작가의 노하우로 용해하여 뽑아낸 것들이다.

표현한 형식도 단시조와 장시조를 고루 넘나들며 절제의 묘를 살리면서 시상을 전개하여 무리성을 배제하였다. 이러한 작시법은 김 시인이 그동안 갈고 닦은 습작의 수련과정에서 얻어낸 좋은 결과라고 생각된다.

문학의 가치를 논할 때 김 시인의 글들에는 교훈적 가치와 예술적 가치가 공존해 있다. 이러한 결과는 곤고한 삶의 과정에서 얻어낸 김시인의 남다른 수행과 통찰력과 깨달음의 소산이라고 생각한다. 이러한 깨달음의 미학과 영혼의 멧시지는 독자들을 깨우치고 영성 회복의 밑거름이 될 것이다.

김 시인은 풍부한 감수성과 상상력, 그리고 무한한 가능성을 지닌 작가이다. 남달리 생활 속의 깊은 성찰과 깨달음의 철학으로 뭇 작가들에게 작시법의 좌표를 제시하고 있는 김시인의 작가적 태도에 찬사를 보내며, 향수어린 고운 시집 〈그날의 소금밭〉 상재를 진심으로 축하드린다.

2014년 3월 28일

김희경 시집, 『그래도 감사해』 작품 평설

천사의 목소리로 표출된 순수 영혼

김희경 시인은 절대자를 향한 구원의식의 충만과 함께 순수의 미학을 추구하는 천사 시인이다. 필자가 시인을 '천사'라고 명명해 본 것은 시집 전편을 통하여 읽어낼 수 있는 시인의 신앙적 자세와 생활실천의 해맑은 순수성 때문이다.

시집의 제목도 천사답게 〈천사의 노래〉, 또는 〈천사의 시향(詩香)〉 쯤으로 하면 어떻겠느냐는 필자의 제안에 그녀는 곤란한 듯이 만류하였다. 만유의 주재자 앞에서 스스로를 높여 '천사'의 반열에 내세운다는 일은 '부끄러운 일일 뿐만 아니라, 세상적으로도 교만의 심성으로 비춰질까 두렵다'라는 이유에서란다. 이러한 시인의 순수한 자아관은 절대자에 대한 성령충만한 삶 속에서 터득된 구도자의 자세에서 비롯되었을 것이다. 세상 튀는 것을 거부하고 평범을 추구하며 그 평범 속에서 진실을 발견하고 겸손이 몸에 배인 시인의 인품이 참으로 고결하다.

김희경 시인의 작시법은 낯설게 하기나 고도의 상징과 비유와 굳이 연계시키려 하지 않는다. 성령충만한 신앙인으로서 아무런 꾸밈이나 가식이 없이 그저 깊은 영적 교감 속에서 우러나오는 해맑은 자아심령을 구도자의 모습으로 자연스럽게 표출해 낼 뿐이다.

입가에 / 미소는 다물 줄 몰라
자꾸만 / 터져 나오려 하고

나의 몸은 / 저절로 흥이 나서
춤이라도 추고 싶어

감추려 해도 / 감출 수 없는 이 기쁨은
모두 드려도 못내 아쉬워

목소리 높여 찬양하네.

－「찬양」 전문

주님 / 날 자녀 삼으심에 / 어찌 표현할 길 없어
나의 몸 / 나의 표정, / 나의 동작으로 노래하오니
받아 주소서.

주님 / 날 사랑하심에 / 너무나도 감사해
내 발에서부터 차오르는 큰 기쁨으로 / 춤을 추오니
받아 주소서.

－「몸 찬양」 2,3연

이 시들을 읽으면 성경 시편에 나오는 다윗을 금방 연상할 수 있다. 하나님 앞에서 주신 고난과 축복을 감사하며 기뻐 춤추는 어린애와 같은 순수한 심령을 꾸밈없이 진솔하게 표현하였다. 신앙시이기 때문에 문학적 기교와는 다소 거리가 있을 수 있다. 그러나 만물의 주재자이신 절대자 앞에서 영적 감동을 받고 터져나오는 기쁨은 춤과 노래로 가식의 울타리를 벗어나 또 다른 다윗의 모습으로 자연스럽게 표출된 것이다.

찬미나 찬송이 대부분 문학적이라기보다 교술적 성격을 띠고 있다는 사실은 널리 알려진 일이다. 우리나라에 전입된 찬송가는 대부분 19세기말 영 · 미 양국의 것들로서, 고전시나 낭만시 계열의 시들이었는데, 번역 찬송가의 영향을 받은 우리나라의 개화기 시가나 창가도 다분히 서정성보다는 계몽적이며 교술적 성격을 띤 것이 대부분이었다는 사실은 이를 증명해 준다.

신앙인은 영과 육의 합일을 체험한다. 육은 영의 껍데기로서 영을 따라올 뿐이다. 감사와 기쁨의 춤과 노래는 영과 육의 합일 과정에서 우러나오는 찬미의식이며 김시인의 작품 전반을 관류하는 시적 에스프리(esprit)이다.

사람을 만나 / 이야기를 나누다보면
웃음보다는 / 상처 받는 날이 더 많습니다.

아무리 / 사랑하는 사람일지라도
기쁨 뒤에는 / 허전함이 남습니다.

그것은 아마도 / 홀로 남아야 하는
슬픔 때문인지도 모릅니다.

그러나 홀로 있어도 / 주님이
내 곁에 계시면 / 나는 만족합니다.

다만, / 내 생각, 내 마음,
나의 모든 것이 / 오직

주님으로만 채워지기를 / 간절히 원합니다.

―「채워주소서」 전문

시인은 작가 자신 또는 비유적 사물을 내세워 주제를 드러낸다. 시에 등장하는 서정적 자아는 작가 자신일 수도 있고 작가를 대변한 객관적 상관물일 수도 있다. 그러나 신앙심이 두터운 김희경 시인의 경우, 시에 나타나는 주체적 화자는 대부분 작가 자신이다. 시편의 다윗과 같이 가식이나 꾸밈이 없기 때문에 작품상에 드러난 서정적 자아는 관념 속에서 비유적으로 표현한 가상의 주체가 아닌 실제의 작가일 수밖에 없는 것이다.

사람은 삭막한 사막에서 영원한 안식처를 찾아 평생 동안 떠돌아다니는 보헤미안이다. 이리저리 세상을 떠돌아다니다가 구할 것은 구하지 못하고 사람을 만나 먼지를 뒤집어쓰고 상처를 받아 종국에는 허무의 늪 속에 빠지기도 한다.

'눈으로 보는 것이 마음으로 공상하는 것보다 나으나 이것도 헛되어 바람을 잡는 것이로다. 헛된 것을 더하게 하는 많은 일들이 있나니 그것들이 사람에게 무슨 유익이 있으랴.'(전도서 6:9, 6:11). 이 전도서의 말씀은 세상 것을 추구하는 일은 헛되어 바람을 잡는 것과 같다고 한다.

위의 시에서도 세속의 헛됨을 깨닫고 세상의 뒤끝은 늘 홀로 남아야 하는 슬픔을 읊조리고 있다. 그러나 상처와 허무가 수반되는 헛된 길이기에, 영원한 안식처를 찾는 길은 '오직 주님'의 길에 들어서야 함을 깨닫고 완전무결한 절대자의 심령에 의지하여 만족이 채워지기를 간구하고 있다.

A

사무친 사연으로 / 잠시 멈춘 / 성가대 찬양 //
이러다 / 영영 못하는 것은 아닐까 //
혹시나 / 설레인 마음으로 / 기다린 믿음은 //
널 받고야 / 눈물로 인사하네.

—「성가 가운 받은 날에」 전문

B

그녀가 손짓을 하면 / 성가대는 일제히 일어서고
눈짓을 하면 / 우리들은 호흡을 맞춘다.

그런 그녀가 / 저쪽을 가리키면
테너 음이 산처럼 우람하게 / 어깨를 벌리고

그녀가 또 한 번 / 이쪽을 가리키면
소프라노가 애교 있게 한바탕 웃음을 터트려
요염한 앨토는 수줍어 사알짝 고개를 들어
베이스의 안내를 받아 / 우리도 잔잔한 물가에 발을 담근다.

이처럼 혹, / 누군가의 지휘에
얼어붙었던 땅에서 / 새싹들이 움트고

또 그 누군가의 지휘에 따라 / 산과 들에선
여러 모양의 꽃들이 / 저마다의 색깔들을 뽐내며
피어나는 것은 아닐까?

—「성가대 지휘자를 보면서」 전문

이 시는 만유의 주재자이신 하나님의 권능에 대한 순종자로서의 자세를 바탕으로 삼고 있다. 글 A는 작가는 성가 가운을 받은 감격적 순간을, 글 B는 성가대 지휘자의 절대적 권능을 그려내고 있다. 김 시인은 성령충만한 기독교 신자로서 찬양대에서 중심적 역할을 하고 있으면서 거기서 보고 느끼는 지휘자의 권능과 주권자 하나님의 권능이 동일한 양상임을 깨닫고, 눈과 귀 그리고 가슴을 열어 세상 모두가 생명이신 절대자 하나님의 손 하나에 달려 있음을 비유적으로 표현해 내고 있다. 교회의 지휘자를 보며 연상해 낸 이 주재자의 섭리는 인생살이의 실재 그림이며 순종자로서 또 시인으로서 참 신앙자의 모습을 보여주는 좋은 예이다.

A
누가 믿을 수 있단 말이냐.

지금 / 십자가에서
쏟아지는 저 수많은 빛들이
내 가슴을 향하여 / 끊임없이 질주하는 감격을.

그리고 / 그것들이 시가 되어
시인이 된 사실을 / 과연 누가 믿을까.

–「새벽에 2」 전문

B
새벽 풀잎에
이슬 맺혀 훤히 드려다 보이는
늘 푸른 소나무가
내 마음 물들여
나는 잔잔한 호수가 되네.

–「기도 1」 전문

글 A에서 시인은 십자가로부터 받은 은총의 감격을 설의적 표현 기법으로 진술하고 있다. 김희경 시인의 시는 절대자로부터 받은 은총의 감격적 산물이다. 시인이 된 것도 반짝이는 아름다운 시를 창작하게 된 것도 다 위로부터 즉 하늘의 빛으로부터 받은 선물인 것이다. 그러한 축복의 인식은 성령충만의 경지에 이르지 못한 상태에서는 감히 짐작할 수도 범접할 수도 없다.

글 B에는 사물을 관조하는 시인의 깊이 있는 통찰력이 드러나 있다. 새벽 이슬 속에 훤히 들여다 보이는 '늘 푸른 소나무'는 과연 무엇일까. 신비스러운 자연 비경이거나 아마도 영생불멸의 주님일 수도 있다. 남들이 발견해 내지 못하는 신비스런 비경에서 자화상을 들여다 보는 자세는 사뭇 진지하며 '잔잔한 호수' 즉 화평스럽게 변화된 자아를 이끌어 내어 긍정적 자세로서의 의미성을 더해주고 있다.

굳이 격렬한 구호와 현학적 시어의 나열이 아니더라도 진솔한 신앙의 경지에서 스스로 토로해 내는 꾸밈없는 진술은 김 시인의 독특한 작시법이다.

A

하나님이 계신 / 영원한 빛의 나라
빛동산으로 올라가자.

너와 내가 꽃이 되어 / 활짝 피는
꽃동산으로 올라가자.

만나도 반가워 춤추는 / 만나동산
시온에 올라가자.

–「시온에 가자」 전문

B
하나님이 / 너를
얼마나 사랑하시는지 / 네가 깨달아
그 사랑에 감동을 받은 / 네 마음에
꽃봉오리 봉긋이 올라와 / 그 꽃이
활짝 피어나기를 / 나는 조용히 기다린다.

－「자녀들에게」 전문

김희경의 신앙시는 김현승(金顯承)과 같은 실존적 자각에 의한 원죄의식보다는 박두진(朴斗鎭)식의 미래지향적 유토피아 정신이 중심을 이룬다. 글 A에서 작가의 기독교적 소망은 빛동산과 꽃동산, 그리고 만나동산을 희구하고 있다. 현실을 바탕으로 한 이러한 유토피아적 구원의식은 김시인의 시 전체를 관류하면서 실타래 풀어지듯 감사와 찬양으로 이어지고 있다.

하나님의 사랑은 값없이 받는 것이지만, 받는 이가 깨달아야 참가치가 있는 것이다. 글 B에서는 축복 받은 자녀의 모습을 '꽃봉오리'에 비유하면서 자녀를 향한 부모의 기원과 기다림을 하나의 평이한 문장으로써 서술하고 있다. 기독교적 '희구'란 신앙적 차원에서는 이웃사랑과 연계되어 있다. 하나님의 은총과 축복을 기원하는 마음은 곧 신앙이며 기도이기에 하나님의 자녀로 활짝 피어나기를 고대하고 있는 것이다.

믿음은 / 내가 가지 않은 곳과
보이지 않은 것을 / 바라는 대로 되어짐을 믿는 것이라.
하여 / 온 세계를 다니며
주님을 전하고픈 / 나의 숨은 열정은

천국에서 해같이 빛나리라는 / 믿음 하나로 살아온
나의 교만함이 되어

도토리 키 재듯 / 너와 나를 갈라놓았으니
이 일을 어찌하면 좋을꼬.

－「고백 1」 전문

김희경 시인은 하나님의 뜻에 준행하는 철저한 크리스챤이다. 온 세계를 누비며 복음을 전파하고 싶은 열정을 지니고 주변을 이끌고 있으나 그러한 열정이 자칫 교만함으로 비추어지면서 너와 나를 갈라놓고 있을까 두렵다. 천국에서 해같이 빛나리라는 소망도 본인에겐 하늘같은 믿음이요 목표이나 그것은 현실적으로 도토리 키 재듯 한 일로서 이웃사랑에 해가 될까를 저어하고 있는 것이다. 김 시인의 신앙시는 시적 상황의 기교적 묘사나 상징성 부여보다는 감사와 찬양, 겸손을 바탕으로 한 크리스챤으로서의 자세와 함유적 의미의 전달에 충실하다. 굳이 고도의 상징적 비유 기법을 추구하지 않고 딱딱한 외피를 벗어나 고백적 자세로 겸손하게 감사와 찬양의 시상을 전개시켜 나가는 것이 김 시인의 시혼(詩魂)이다.

A
임은 / 우리를
어두운 데서 불러내어
하늘로 이어준 무지개라.

아름답다.
영원히 사르는 빛이여.

말하고 싶구나.
저녁놀처럼 붉게 타오르는
그 사랑을.

– 「빛 1」 (베드로전서 2:9) 전문

B
나도 그랬다. //
열두 해가 아닌 / 비록 짧은 고통이었지만 //
예수의 옷 / 그 한 자락 만지기를 //
간절히 원하고 / 또 원하여 //
어느 빛이 다가온 날 / 나는 평안하였다.

– 「빛 7」 (누가복음 8:43~48) 전문

김 시인은 본서에서 '빛' 에 대하여 7편이나 할애하였다. 빛은 어둠과 이분법적 의미를 지니고 있으며, 글 A와 같이 어둠을 쫓아내 하늘의 광명으로 이어주려는 창조주의 깊은 뜻이 서려 있다. 김 시인이 본서에서 빛에 대하여 7편이나 노래한 것은 '빛이 하나님이 보시기에 좋았더라.' (창세기 1:4)라고 하신 것처럼, 크리스챤에게 있어 빛의 의미는 매우 소중하다는 인식 때문일 것이다.

빛은 어둠을 쫓아낸다. 사랑도 빛이요, 예수님의 은총도 빛이요 그 옷자락도 빛이다. 글 B에서, 시인은 아무에게도 고침 받지 못하고 열두 해 혈루증을 앓던 여인이 예수님의 뒤로 와서 옷자락을 만짐으로서 혈루증이 깨끗이 나았다는 비유를 들고 있다. 성경 속의 옷자락 만진 여인과 같은 작가 자신은 새로운 빛을 맞이함으로 평안을 찾았다고 고백하고 있다. 이러한 비유는 오랫동안 믿음생활을 거쳐온 작가의 영적 체험의 결과로서 신앙의 성숙도를 보여준다.

지금이 구약 시대라면 / 나는 감히
성전에 들어갈 수 없는 / 죄인이라.

그러나 / 죄 없는 그 분이
십자가에서 죽으심으로 / 휘장은 찢어지고
나는 죄사함을 받아 / 성전 안으로 들어갈 수 있어라.

단 한 번의 죽음으로 / 제사가 아니라
영적 예배로 바뀐 / 이 크나큰 축복.

말로 다 못하는 기쁨으로 / 주님을 만나
주님과 교제하는 / 이곳에서
입술로, / 몸으로,
나의 모든 것으로 드립니다.

—「성전에서」(히브리서 9:1~28) 전문

김 시인의 기쁨의 원천은 어디에 있는가? 아무런 제약 없이 성전에 들어가 주님을 만나고 교제하고 찬양하며 충만한 은혜를 받는 데에 있다. 죄인된 구약시대에는 감히 상상도 못할 면책특권을 받은 자로서의 축복을 노래하고 있는 것이다.

유신론적 실존주의 철학자 키에르케고르도 '죽음은 종말이 아니라 오히려 기독교적 의미에서는 그 자체가 생명으로서의 이행이다.' 라고 말한 바 있다. 예수님의 죽으심으로 얻어낸 이 면책의 축복은 김 시인에게 있어 생명의 끈이라 할 수 있으며, 이와 관련된 작품은 자연스런 영혼의 울림으로서 작품 전반에 걸쳐 찬양과 감사로 이어지고 있다.

푸른 5월 / 차창 너머엔
아카시아 향기 / 내 마음 물들여

하얀 꽃잎마다 / 입 맞추니
나도 아카시아 나무가 되었네.

너와 나 / 가시가 많아
서로 부딪혀 찌르고 / 서로 상처 받아 생긴
옹이들로 가득한데

모세는 / 이런 볼품없는 나무로
널판을 만들어 / 성막을 세웠으니

그동안 / 얼마나 도끼로 찍히고
얼마나 대패질 당했을까.

나에게도 / 그것을 다듬으려
하나님은 / 얼마나 애를 태웠을까.

그래,
조각목으로 상을 만들던 / 이스라엘 자손들이
순금으로 안팎을 싸고 테를 둘러 / 세운 성전의 기둥처럼

나도 그렇게 된다면
나는 족하리.

–「나는 조각목」(출애굽기 37:1~10) 전문

이 시는 출애굽기의 언약궤를 만드는 과정을 예로 들어 작가의 기독교적 밀알 정신을 드러내고 있다. 이글에서 가시 많아 상처 받은 보잘 것 없는 개체적 자아를 도끼와 대패질로 연단하여 사랑스런 하나님 자녀로 삼아주신 은혜에 감사하며 성전의 기둥처럼 하나님의 한 지체로서 삼아 줄 것을 기원하고 있다.

옛 선비들이 명예를 뛰어 넘어 종국에는 세상적 안빈낙도를 추구하고 물질주의 매너리즘에 빠진 현대인들이 고작 수복강녕이나 추구하는 현상과는 딴판이다. 오직 그 '크고 부드러운 손' 안에서 영적 위안과 구원을 받고 만족을 찾고자 하는 시인의 태도는 진정 차원 높은 영적 반열의 소유자임을 증명해 주는 것이다.

A

화요일이면 / 많은 사람들이
날더러 칭찬을 하네.

예쁘다고, / 천사라고,
알프스 소녀 같다고

빈말이라도 / 듣기 좋아

우아한 모자 쓰고 / 인사 하네.
더 / 기분 좋으라고.

– 「안내봉사를 하며 3」 전문

B

상쾌한 아침
머리에서 발끝까지
예쁘게 치장하여

마치 백조가 날아가듯
유유히 무대로 향한 나는
어느새 구름을 계단 삼아
하늘 위를 걸으며
두둥실 춤을 추니
온 하늘이 내 가슴 안에 있네.

–「공연하는 날에」 전문

C

누군가 / 나의 웃는 얼굴이
육백 만 불짜리라고
입에 침이 마르듯 / 칭찬했어.

그래, / 늘 당당했지.

몇 해가 흘러 / 마음속으로 울어도
얼굴은 / 환환 웃음으로 가득했어.

오늘도 칭찬 받고 싶어서.

–「웃는 얼굴」 전문

필자는 김희경 시인을 일컬어 천사에 비유하였다. 그녀의 시는 그냥 터져나오는 감사의 노래이며 천사의 목소리로 빚어 만든 순수 영혼의 울림이다. 글 A와 C에서, '예쁘다고', '천사라고', '알프스 소녀 같다고', '웃는 얼굴이 육백만 불짜리'라고 한 주변의 말은 그녀의 신앙적 인품이 그만큼 천사 같고 고결한 모습으로 인식되어졌다는 뜻이다.

글 B는 공연하는 날 아침에 예쁘게 치장하니 마치 백조가 날아가듯 무대 위에서 구름을 타고 춤추며 하늘 위를 나는 모습을 스스로 묘사한 것이다. 시인의 온 하늘을 가슴 안에 품고 훨훨 나는 그녀의 아름다운 모습을 어찌 천사에다 비유하지 않으리요. 글 C에 나타난 화자의 '웃는 얼굴'도 동심어린 천사의 모습이다. '칭찬 받고 싶어서'란 표현은 굳이 시적 상징기법을 따지지 않더라도 진솔함과 순수함이 어떤 것인가를 솔직 담백하게 드러내 준다.

'믿음은 바라는 것들의 실상이요, 보이지 않는 것들의 증거'(히브리서 11:1)라고 하였다. 김 시인의 이러한 순수하고 고결한 믿음과 성정은 몸에 배인 그녀의 일상으로 나타나 시적 구성에 있어서도 문장 습작의 한 근간으로 작용했으리라고 본다.

> 말씀으로 채운 가슴 / 무엇이 부족하랴.
> 너 한술 / 나 한술
> 함께 먹는 밥상마다
> 진한 커피 향 / 햇살도 반가워라
> 앙증맞은 앵두나무 가지마다 / 한 옴큼씩 걸터앉아
> 어릴 적 고향 노래 / 그칠 줄 모르네.
>
> –「전원교회의 오후」 전문

시의 속성은 크게 음악성과 함축성이라 할 수 있다. 김 시인의 전반부 글에서는 문학적 함축기교보다는 신앙자로서의 관념적 서술이 중심을 이루었다. 그러나 후반부에 들어올수록 관념적 서술 형태를 벗어나 시적 요소를 만족하기 위한 비유나 형상화의 기법 적용이 새롭게 드러난다.

이글에서 가장 시적인 표현은 '햇살'의 형상화이다. 말씀의 은혜를 흠뻑 받고 식사후 차향에 취한 성도들 눈앞에 나타난 그것은 앵

두나무 가지에 한 옴큼씩 걸터앉아 고향 노래를 흥겹게 불러준다. 나뭇가지에 내려앉은 쬐끔쬐끔한 햇살의 존재를 한 옴큼씩 걸터앉아 고향 노래를 불러주는 향수의 매개체로 의인화시켜 표현함으로써 시의 미적 가치를 높여주고 있다.

A

전도 여행 탓에 / 펄펄 오른 신열
바람도 기침하여 / 또 한 번 꽃비 내린다.

요즘 들어 자주 반겨 / 벌써 우산 받쳐 들고
자박자박 걸어가는 / 순결한 신부 되고픈 / 마음을 아는지 /
입구까지 마중 나온
민들레가 반갑구나.

하얀 안개 자욱 내려앉은 / 고요한 오솔길,
밤 사이 자란 / 쑥 자매들,
오순도순 인사하는 / 들꽃의 향기는
어느새 내 가슴 물들여 / 한달음 산 중턱에 닿는다.

—「목현동의 새벽」 전문

B

흰 구름 노닐다 간 / 푸른 언덕에
노랗게 피어 오른 / 한바탕 큰 웃음

화사한 햇살 / 짝꿍 삼아
살포시 뿌리 내린 / 너에게
바람마저 미소 띄운다.

작년 이맘 때 / 몸찬양 연습 끝나고
언덕 내려가며 / 뜯어 먹던 민들레 이파리들

하늘 향해 두 팔 벌려 / 달려오는 어린아이처럼
네가 민들레인지 / 내가 민들레인지

충만한 해가 / 보이지 않아도
우리는 한 송이 기쁨 되어 / 뉘엿뉘엿 걸어가네.

–「그리운 민들레꽃」 전문

글 A는 바람 불어 꽃잎 흩날리는 목현동의 새벽길 정경을 실감 있게 묘사하였다. 순결한 신부되고픈 마음으로 자박자박 걸어가는 발걸음 앞에 민들레가 반기고 오순도순 인사하는 풀꽃의 향기가 새롭다. 꽃비를 만나고, 방긋 웃는 민들레와 쑥 자매를 만나고, 새벽길에 이 글의 서정적 자아는 그들과 동화되어 자연에 몰입된 자아의 새로운 모습을 발견한다. 글 B도 객관적 상관물인 '민들레'와의 추억을 더듬으며 네가 민들레인지 내가 민들레인지 모를 물아일체의 경지를 체험한 내용이다. 이러한 글들은 객관적 사물을 의인화하여 서정적 자아와의 심리적 교감을 이루게 함으로써 주제를 잘 드러내고 작시의 목적을 달성한 좋은 예이다.

A
요란한 새들의 합창 소리에
화들짝 일어나 창문을 열고
무심코 올려다본 청명한 하늘

드높고 드높아

부족할 것 없어 보이는데
구름이 놀러와 반겨주는 모습이 아름답구나.

바람이 질투하게 불어와
제각기 흩어져도
파란 마음, 하얀 마음으로 안아주니
태양마저 웃고 가네.

―「가을 하늘」 전문

B

뒤돌아보면,
가슴 아픈 사연들이 뭉쳐
단단한 자산이 되고

뒤돌아보면,
힘든 어깨에 무게가 쌓여
넘치는 자본이 되어

시를 쓰며
천지를 창조하신
그 분께 찬양하니
살만한 세상이 아니더냐.

―「보름달」 전문

김희경 시인의 작시법은 갈등보다는 조화를, 대결보다는 화평을, 과거보다는 미래를, 땅보다는 하늘을 추구하는 것이다. 글 A에서와 같이 그녀에게 있어 높디높은 하늘은 일상적 삶과 사색의 광장이다. 또 글 B에서와 같이 인생을 반추하고 뒤돌아보는 일은 단단하고도 넘치는 자산의 근거를 확인하기 위해서다. 이러한 작시 태도는 전술한 바 있지만, 오랫동안 신앙생활을 통하여 터득해 낸 사도정신과 그것의 실천 생활로 몸에 배인 감사와 찬양 때문이다. 작가는 평이한 시를 쓰면서도 천지를 창조하신 그분께 찬양하면서 '살만한 세상'이라고 토로한다.

김희경 신앙시의 특징은 시종일관 일그러진 갈등의 양상은 전개되지 않는다는 점이다. 이는 성령충만한 가운데 세상적 감정을 떠나 사도정신만을 실천하려는, 깨달은 자의 초월적 자세와도 관련될 것이다. 이로써 김 시인이 얼마나 신앙생활에 충실해 왔는가를 알 수 있으며, 그러기에 언술 표현에 있어서도 현실적 불만보다는 작은 일에도 찬양과 감사가 흘러넘치는 독특한 작시법을 구사해 왔다고 진단해 볼 수 있다.

> 어스름 연기 피어내는 그 집 여자는
> 어릴 적 내 고향 어머니가 아닌가 보다.
>
> 군불아궁이 장작불 타는 소리와
> 도란도란 이야기 나누는 따뜻한 정 대신에
> 하얀 수염 긴 염소 한 쌍이
> 밥 달라 저리 아우성이니.
>
> 어스름 연기 피어내는 그 집 여자는
> 어릴 적 내 고향 어머니가 아닌가 보다.
>
> 늘 심사가 꼬여

보이는 사람마다 핏대를 세우니.

외로운 탓 일게야.
홀로 울타리를 치고 고상하게 가두었잖아.

아마도
어스름 연기 피어내는 그 집 여자는
뙤약볕에 그리움을 태우나 보다.

－「그 여자」 전문

문학은 인간사회의 반영이라고 볼 수 있다. 거기에는 인간의 희로애락과 오욕칠정이 다양하게 구사되고 묘사된다. 이에 따라 소설적 기법의 모티브로 이바지하게 되는 갈등의 양상은 사건 전개의 골간을 이루고 이야기를 흥미롭게 진행시키는 데 밑거름으로 작용된다. 그러기에 긍정은 부정이 있음으로써 그 존재성이 부각되며 논지의 적법성을 인정받게 된다.

그러나 김시인의 시 대부분에서는 대상물을 향한 부정적 사고나 갈등의 양상은 발견되지 않는다. 단지 평이한 삶에 대한 감사와 창조주에 대한 순종과 찬양이 주종을 이룰 뿐이다. 이러한 작시 경향은 사회의 어두운 면을 조명하여 주제성을 드러내기보다는 가식이나 꾸밈이 없는 신앙자로서의 순수 긍정이미지를 있는 그대로, 믿음 그대로 부각시키려는 뜻이 있을 것이다.

위의 시는 독자들에게 다른 시들과는 다르게 색다른 이미지의 세계로 이끌어 준다. 다른 시들에서 볼 수 없는 '고약한 대상물' 을 등장시킨 것이다. 그러나 시인은 위의 시에 나타나 있는 고약한 '그 여자' 도 천사의 눈으로 바라보고 있다. '어릴 적 내 고향 어머니'같지도 않고 '심사가 꼬여' 보이는 사람마다 '핏대'를 세우는 데도 '외로운 탓'일게라며. '뙤약볕에 그리움을 태우고 있다'고 긍정적으로 서술하고 있는 것이다.

또, 김 시인은 스스로에게 닥쳐온 세상사 모든 일을 축복이라고 믿으며 그 축복과 은총의 수혜자는 바로 자신이라고 노래한다.

> 내가 좋아 / 지상에 내려앉은/ 수많은 별들 // 큰 기쁨으로 / 노래하네.//
> 큰 기쁨으로 / 춤을 추네. (「꽃」 전문)

'지상에 내려앉은 별'로 비유된 '꽃'을 노래하면서도, 다른 사람 아닌 자신을 위해 피어 노래하고 춤을 춘다고 표현한다. 이러한 사고는 단순히 에고이즘적 사고가 아니라, 하나님 창조의 섭리에 바탕을 둔 시인의 인생관 우주관과도 연관성이 있다. 생명은 천지만물의 바탕이며, 믿음의 신념이 굳고 성령충만한 사람들에게는 그것은 감사하게도 피조물인 '나'를 중심으로 이루어진다. 모든 문제점은 내 안에 있으며 나의 마음이 곧 우주의 근본이기도 한 것이다. 한 떨기 꽃도 나를 위해서 피어났고 이웃을 포함한 우주는 나를 위해 존재한다. 따라서 이웃을 포함한 하나님의 모든 창조물은 내가 좋아서 존재하는 것이며 나에겐 모두가 감사의 대상이 되는 것이다.

인간은 험난한 삶의 현실에 몰입하다 보면 어느 틈엔가 그늘이 끼이고 자기 자신은 흉측한 모습으로 어느 공간에 와서 서 있다는 것을 깨닫는다. 그리곤 삶의 본질은 제쳐두고 원망과 절망 속에서 앞으로 나아가지도 못하고 자꾸만 뒤를 돌아보게 된다.

김 시인은 결코 어두운 현실이나 과거를 돌아보지 않는다. 시인은 자신을 잘 다스려야 되는데 김 시인은 자신을 잘 다스리고 있다는 뜻이기도 하다. 기구한 운명과 혼곤한 삶에 지쳐 기진맥진한 자에게는 더욱더 자신을 다스리는 지혜가 필요하다. 과거의 미시적인 세계에 집착하여 숲을 보지 못한다면 새로운 세계는 전개되지 못하기 때문이다.

누구든지 먹구름 위에는 찬란한 햇빛이 있다는 사실을 인지해야 된다. 김 시인의 시에는 수평적 마음 다스림의 경지는 이미 초월하고 하나님과의 수직적 마음 다스림의 시심을 전편에 드러내고 있다. 김 시인의 시에는 이렇게 참된 신앙생활로부터 터득된 천사 같은 심성이 작시풍의 주류를 이루고 있다. 철저한 기독정신으로부터 우러나온 삶의 철학이 해맑은 영혼의 시혼으로 거듭나서 꽃을 피우고 있는 것이다.

이번의 시집 〈그래도 감사해요〉는 신앙인으로서 김 시인의 생활체험이 농축된 맑은 영혼의 노래요 영적 에너지의 공급원이다. 남달리, 천사와 같은 해맑은 목소리로 읊어낸 순수 심령의 작시태도에 찬사를 보낸다.

다만, 종교도 문학과 만나야 한다는 생각이 필자의 소견이다. 성경의 수많은 비유는 이러한 점을 입증해 주고 있다. 낯설게 하기의 기법과 시적 형상화, 비유와 상징을 통한 강한 이미지의 전달, 시어의 절제와 긴장미의 창출 등은 김 시인이 앞으로 시적 영역을 확대해 나아가야 할 과제다.

시인은 '나무 그늘의 뼈'까지도 발견해 낼 수 있는 안목을 가져야 한다. '돌에서 피를 뽑아낸다'는 김수영의 말과 같이, 척박한 땅에서도 생명의 원형질을 추출해 낼 때, 작품의 가치는 더욱 생명력을 획득할 것이다.

김 시인의 심성이나 역량으로 보아 앞으로도 주옥같은 명작들이 줄줄이 선보일 것으로 기대가 된다. 해맑은 천사의 소리, 〈그래도 감사해요〉의 상재를 진심으로 축하드리며, 이 한 권의 책이 어둡고 음울한 현실을 밝게 비춰주고 독자들의 심금을 울려주는 영혼 구원의 한 등대가 되어주기를 바란다.

2012년 6월 25일

박헌오 시조집, 『뼛속으로 내리는 눈』 작품 평설

영육의 경계를 넘나드는 엄청난 시혼의 바다

박헌오 시인의 글을 읽으면 영육의 경계를 넘나드는 엄청난 시혼(詩魂)의 바다에서 유영하는 듯한 느낌을 받는다. 이러한 느낌은 시인이 지나쳐온 삶의 경륜이 남달리 폭넓고 언어구사의 폭도 넓고 다양하기 때문이다. 농촌과 도시 체험을 두루 하였고, 일찍이 대전시 공무원으로서 문화체육국장을 거쳐 현재는 대전문학관 관장으로 봉직하고 있는 것은 이러한 큰 궤적(軌跡)의 단면이다. 마음이 두텁고 소박하며 인정 많은 박시인은 시조단에서 그 인품이나 작품으로도 존경 받는 작가이다. 그는 현재 대전 문학예술의 선봉자로 활약해 오고 있으며, 오랫동안 문화예술분야의 공무원과 문학관장으로 봉직해 왔기에 문학에 대한 식견이 남다르고 박식하며 깊이가 깊다. 이번의 시조집에는 이러한 그의 인생 체험이 곳곳에 잘 반영되어 있어 읽다 보면 감회가 남다르다.

하나의 시를 평가할 때 우리는 작가의 인생과 경륜을 떠올리며 그의 작품세계를 머릿속에 그려보게 된다. 박시인의 글을 읽으면 그리운 도시와 농촌의 모습이 파노라마처럼 오버랩 되어 펼쳐지며, 오랫동안 다져온 그의 인생 정도(正道)의 여정이 하얗게 표백되어 물결치면서 원고지에 넘나든다. 시상의 폭이 넓은 그의 작품 세계는 어느 하나 버릴 것이 없고 자연과 사물, 인정과 사랑, 초월과 달관, 영성과 지성이 올곧은 선비정신을 바탕으로 독특한 표현기법과 성실한 작법에 의하여 편편이 전개되고 있다.

1. 향토 사랑과 그리움의 에스프리

땅에는 가늠할 수 없는 무한한 가능성과 생명이 숨 쉬고 있다. 이 땅의 유한한 생명들은 잠깐 동안 숨 쉬며 피었다가 종국에는 자신의 호흡을 태어난 땅에 맡기며 땅 속으로 돌아간다. 그래서 땅은 유한한 인생의 활동 무대이기도 하지만, 다시 돌아갈 회귀역이요 고향집이다. 누구나 인간은 태어난 땅, 고향의 정취를 잊지 못하며 자기도 모르게 귀소본능(歸巢本能)을 지니고 있다. 박시인도 작품 곳곳에 고향에 대한 그리움과 향토 사랑의 정신을 드러내고 있는데,「대전역 영시(零時)」는 그 중의 하나다.

기다리는 구두코로 달려오는 기차야
꽃가마 홍등 켜고 상기되어 오는 신부
만 다발 팔도 사투리 여울져 맞이한다.

잔별 세던 사람에게 음악 같은 기적소리
천길 사랑 은하수 밤을 다 적셔놓고
대합실 시계바늘 따라 눈빛 가득 몰려간다.

마차 길에 신작로—, 촛불자리 신기루—
감춰 둔 편지들을 손에 손에 쥐고 나와
축제의 꽃 강을 이루는 황홀한 도회(都會)여.

층층이 쌓인 얘기 구구절절 깃발 달고
잠깬 추억 행간마다 들썩이는 만남의 꿈
손 모은 영시의 제단 하늘 문이 열린다.

– 「대전역 영시(零時)」 I , II 중 I

대전은 박시인의 텃밭이다. 박시인은 일찍이 그 텃밭을 일구고 거름을 주고 정성을 들였을 터이다. 이 시조는 Ⅰ, Ⅱ부로 연이어진 전 8수 중의 제Ⅰ부 4연으로서 '대전찬가(大田讚歌)'라 불러도 좋을 듯하다. 이 시를 읽으면 텃밭인 대전에서 문학관장을 지내고 있는 토박이 시인을 연상케 한다. 대전을 근거지로 학문을 익히고 거기서 뼈가 굵은 박시인은 대전에 대한 애향 정신이 남다를 수밖에 없다.

대전은 나라의 중심지로서 사통팔달(四通八達) 교통의 요충지이다. 그러기에 팔도 사투리가 고루 교차하는 만남의 장이다. 시인은 이러한 만남의 광장에서 축제의 꽃물결이 이는 황홀한 정서를 맛보며 구구절절 깃발을 달고 하늘문이 열리는 광경을 목격하곤 한다.

작가는 왜 '영시(零時)'라는 시어를 사용했을까? 영시는 하루의 시작점이요, '출발지로서의 대전'에 그 상징성을 부여했으리라 본다. 이 밖에도 〈대전구경(大田九景)〉이란 글들에서도 충청도 머슴 박시인의 대전 사랑이 잘 나타나 있다. 그냥 흘려보내기 쉬운 생활 주면의 평범한 향토자원을 내세워 박시인은 애정을 가지고 감정이입하여 풍부한 시상과 문장력으로 의미를 부여해 놓은 솜씨가 참으로 훌륭하다.

A
보릿짚 꿰어 엮은 고향마당 여치 집
미어질 듯 고운 여치 사로잡아 가둬놓고

그 밤 내 울음소리 들으려 / 귀 기울인 하찮은 꿈.

마음도 열지 않고 공연히 보낸 웃음
호기심으로 빼앗았다 팽개친 상사화
개구리 울음 넘치는 무논 / 귀 막아도 쟁쟁한 욕.

마구 친 풀꽃 한 짐 마당귀에 부려놓고
떠난 세월 외양간을 멍하니 바라보면
내 몸이 촛불이 되어 / 다 타도록 울고 싶다.

–「마당귀 귀울음」 전문

B
손 닿지 않는 길로 / 고향집 둥둥 떠올라 //
다비식 준비하듯 / 마른나무 쌓아 놓고 //
삽짝에 동여맨 편지 / 한꺼번에 얹어 놓다.

꼬깃꼬깃한 소망쪽지 / 주렁주렁 매달고 //
아마도 하늘에 있을 / 수신자를 찾아가라 //
불 질러 달집 태우며 / 길운 비는 대보름.

–「달집」 전문

윗글 A와 B를 읽으면 겉으로 보기엔 그저 덤덤하고 사나이다운 풍모로만 인식되어온 박시인이 어찌 이리도 여린 정서의 향수어린 글을 표현할 수 있나 하는 의아심을 가질 수 있다. 하나의 인생이 변화무쌍한 천지만물을 다 체험한다 해도 그 귀착점은 역시 그리움의 발원지인 모태(母胎)나 고향집이다. 이러한 면에 있어서 박시인도 예외는 아니다.

윗글 A와 B에서는 '보릿집', '여치집', '상사화', '개구리'. '무논', '외양간' 같은 소재들이 적재적소에 배치되어 주제의식을 잘 드러내고 있다.

글 A에서 '그 밤 내 들으려던 울음소리'는 무엇을 뜻하는가? 작가는 '귀 기울인 하찮은 꿈', '공연히 보낸 웃음', '호기심으로 빼앗았다 팽개친 상사화' 등으로 갈등심리적 시상을 전개하면서, 떠난 세월 때문에 '촛불이 되어 다 타도록 울고 싶다' 비화하였으니, 가히 사무친 그리움의 극단적 심리 표현이 아닐 수 없다. 얼마나 그리움에 사무쳤으면 소신공양(燒身供養)의 정서까지 이르렀을까? 아마도 '상사화'로 비유된 떠나간 임에 대한 그리움이 떨쳐버릴 수 없는 향수와 함께 절절히 넘쳤던 것이리라.

글 B 「달집」도 꼬깃꼬깃 소망 쪽지 주렁주렁 매달고 달집을 태우는 고향 마을의 대보름 향수를 매우 실감 있게 형상화시켜 놓은 연시조이다.

이 밖에도 〈낙과의 고향〉 부분에 펼쳐져 있는 「고향집 열과」, 「소태나무와 꾀꼬리」, 「대동 산마을」, 「충청도 머슴」, 「옹달샘」 등에도 구구절절 애향심과 향수가 넘쳐흐르고 있어 작가의 내면세계에서 우러나오는 원형복귀의식을 엿볼 수 있다.

2. 정감 어린 인정과 사랑, 그리고 효심

박시인의 캐릭터는 세미한 서양 찻잔이 아니고 무쇠솥에 보리밥 사발이다, 그는 텁텁한 막걸리표 시인이다. 자연을 사랑하고 향토를 사랑하고 선비정신을 추구하지만, 그의 내면에 흐르는 커다란 물줄기는 어디까지나 푸근하고도 정겨운 인간미다. 그래서 그의 시는 꿋꿋하고 당찬 듯 하지만 뜻밖에도 눈물이 많다.

A
뿌리치지 않는데 / 망설임 감아놓고 //
풀어주지 못한 연(鳶) 줄 / 끊고 떠난 방패연 //
사랑은 / 되돌아오지 않는 / 후회의 / 강물이다

-「눈물은 2」 전문

B
동여맨 허리 풀며 강물은 돌아온다
땀 젖은 바람단이 차렷하고 줄설 때
무쇠 솥 보리밥 사발 / 퍼 담아 나눠 준다.

한 여름 뜨건 호미 걸어놓는 백중날은
자가품 난 손목도 부처님이 잡아준다
온종일 막걸리 잔에 / 빠진 얼굴 마신다.

허리 휜 버드나무 할딱대는 매미소리
벼슬보다, 돈보다, 너스레 객담보다
하루의 자유가 달다 / 푸성귀 베어 문다.

-「다리 그늘에서」 전문

글 A는 사랑의 아픔을 적합한 비유기법에 의해 진솔하게 나타낸 단시조다. 사랑은 해도 후회하고 하지 않아도 후회한다고 한다. 누군들 사랑의 아픔이 없으리요만 그 아픔을 표현하는 방법에는 천차만별일 것이다. 이 글에 나오는 '풀어주지 못한 연(鳶) 줄'은 아마도 '풀어주지 못한 연(緣) 줄' 일것이다. 끝내 인연으로 맺어지지 못하고 끊어져버린 연을 애달파하는 작가의 연민이 가슴속 깊이 강물이 되어 흐르고 있다.

글 B에는 한여름 다리밑 그늘에서 베푸는 푸근한 온정을 감각적 기법으로 실감 있게 시상을 전개시켜 나갔다. 작가의 스타일 대로 무쇠솥 보리밥 사발에 탁배기 잔으로 푸성귀를 베어 물고 인정을 나누는 모습이 참으로 정겹다. 그래서 매미소리 할딱대는 그날도 '하루의 자유가 달다' 하였으니, 인간미 넘치는 작가의 성향이 실감 있고도 짙게 잘 묘사되어 있어 작품의 미적 가치를 높여주고 있다.

C

기도만 남은 아침 어디로 찾아갈까
바다 위 가신 자국 파도가 지웠는데
영롱한 묵주 알 굴리며 파도 너머 계신데.

물에 비친 무인도에 임의 모습 그려보며
뼈마디 쌓인 문턱 생일을 또 넘어서며
가슴에 불효자 문장(紋章) 혹독하게 찍는다.

—「허망을 보며(파도일기 18)」 전 4수 중 3,4수

D

아들아 아주 작게라도 남을 위해 살아라.
아버지의 말씀 믿고 끝까지 따라가라
어미는 살아서도 행복했고, 죽어서도 평화롭다.

생명과 영혼 다할 때까지 기도하리니
철부지 저희들을 당신 손에서 놓지 마소서.
온종일 아희들 보는 햇살 되고, 달 되리오.

주님 말씀 잠시 잊고 잘못해도 버리지 말고
세상 모든 자녀들을 사랑하신 성모님

눈물은 영혼의 양식이오니 영생토록 주소서.

– 「온 세상은 어머니의 눈물」 중, (3)소망의 눈물

박시인 시의 전체를 관류하고 있는 시심의 근간은 끈끈한 정과 사랑이다. 그래서 그의 시에는 눈물이 많고 풍수지탄(風樹之嘆)이 많다. 일찍이 조병화 시인은 '진정한 나의 고향은 어머니 하나뿐이었다.' 라고 술회한 바 있다. 박시인도 어머니를 그리워하는 모정의 눈물시리즈가 9가지나 펼쳐지고 있어 어머니에 대한 절절한 그리움의 노래가 그의 시적 정서의 주조를 이루고 있음이 역력하다.

글 C는 저 먼 세상 파도 너머 계신 부모님을 그리며 불효자의 한을 토로하고 있으며, 글 D는 살아생전 당부하신 어머니의 유언과 기도를 떠올리고 자식을 위해 하늘나라에 가서도 햇살 되고 달 되어 자식을 돌보리라는 어머니의 지극한 사랑을 되새기며 불효자로서의 눈물어린 회한을 잘 그려내고 있다.

인간이면 누구든지 어머니에 대한 그리움은 절절하다. 어머니에 대한 모정의 끈이 남다르고 불효자의 한이 많은 박시인에게 있어서는 어머니는 영적 고향이요, 눈물의 근원지이다. 시의 생명력이 독자들에게 공감성(共感性)을 얼마나 확보해 내고 있느냐에 달려 있다면, 이러한 어머니의 간절한 기도와 자식사랑, 그리고 그에 따른 진솔한 효심(孝心)은 모자간의 정적 인간미가 잘 드러난 실례로서, 누구든지 공감할 수 있는 동일시(同一視, Identification)로서의 감성적 가치가 매우 높다.

3. 선비정신과 지필묵향의 그윽함

제(齊)나라 경공(景公)이 자신의 역할을 어떻게 해야 좋으냐고 질

문했을 때, 공자께서는 '君君臣臣父父子子' 라고 말씀하셨다. 임금은 임금답게, 신하는 신하답게, 아비는 아비답게, 자식은 자식답게 처신하라는 뜻이다. 어떤 이는 문인의 이름을 돈으로 산다. 그러기에 문인이 문인답지 못하고 돈에 휘말리고 정치에 휘말리기도 한다. 문인이 문인답기 위해서는 선비정신을 갖고 지필묵향(紙筆墨香)을 가까이 해야 된다.

시인의 시인다움은 그의 행적(行跡)과 문적(文跡)으로 드러난다. 필자가 본 박시인은 지극정성 어머니의 기도와 공무원생활로 반듯하게 다듬어진 정겨운 바탕에 뜻밖의 명구를 쏟아내는 멋진 시인이다. 그러기에 회사후소(繪事後素)의 자질을 갖추고 있는 현대 선비상의 표본이라 할 만하다.

A

정화수 둥지에 / 날개 펴는 고송일지(孤松一支) //
서리길 굽은 허리 / 청절을 지켜온 삶 //
황토 빛 고향의 길목 / 연화등(蓮花燈) 들고 섰다.

구만리 하늘 길에 / 후조의 금슬화음(琴瑟和音) //
묵향어린 기왓골은 / 만고(萬古)의 선비도량 //
백학(白鶴)이 여정(餘情)을 접고 / 화엄경(華嚴經)을 외운다.

–「가람의 고송」 전문

B

백지는 무한한 텃밭 / 뜨건 손 꿈 심는다 //
정 갈아 고인 먹물 / 물들이는 고백의 골 //
붓으로 경작하는 과원 / 떫은 열매 익어간다

한 생애 그 품안에 / 그리고 찢고 또 그리고 //

몸 달아 거울 보면 / 외려 부끄런 먹의 농담 //
백지가 좋았을 운명 / 붓놀림이 흔들린다.

－「백지의 경작」 전문

C

붙박여 살다보면 / 더 오래 남을 허물 //
뼈를 휘어 짜 올린 시 / 한 마당 널어놓다 //
욕정 다 날려 보내고 / 건져놓는 넋두리다

태반(胎盤)의 흙에 쌓인 / 모국어의 찬연한 빛 //
세월 끝 세상 끝까지 / 이어가는 겨레의 얼 //
한 줄의 시로 살아서 / 감겨가는 혼의 몰골

－「시의 몰골」 전문

윗글 A에 나타난 '고송(孤松)'과 '백학(白鶴)'은 무엇을 의미하는가? 그것은 깨끗한 정화수 둥지에 날개 펴고 청결을 지켜온 작가의 삶의 모습을 상징할 것이다. 이 시에는 묵향어린 기왓골, 만고의 선비도량에서 경문(經文)을 외우며 수행의 도를 닦고 있는 작가의 선비정신이 고매하게 드러나 있다.

글 B와 C에서는 시인으로서의 창작의 어려움과 그 결과물을 시적으로 잘 형상화시켜 놓았다. 글 B에서는 무한한 텃밭인 백지를 놓고 작시에 고민하는 시인의 모습이 역력하다. 마음먹은 대로 잘 안되기에 붓으로 경작하는 과원, 즉 백지 공간에서 떫은 열매 익어간다고 했다. 참으로 신선한 비유다. 서정적 자아는 찢고 또 그려보지만 붓놀림이 흔들리고 외려 부끄러운 먹의 농담뿐이다. 글 C에서는 한 편의 시를 완성하고 난 뒤, 작시의 어려움이 비유적으로 수준 높게 잘 표현되어 있다. 얼마나 힘들었기에 '뼈를 휘어 짜 올린 시'일까? 시인은 자신의 시를 '넋두리' 이자 '혼의 몰골' 이라고 비유하여 겸손함으로 표현하였지만, 그것은 '욕정 다 날려 보내고 건져놓은 넋두리' 이자, 그래도 '세월 끝, 세상 끝까지 이어갈 겨레의 혼' 이라고 위안한다.

윗글들에는 시인의 성향(性向)과 작가로서의 겸손한 문적(文跡)이 잘 드러나 있다. 이와 같이 박시인은 겸손한 자세로 자신을 낮추며, 선비정신과 작시정신에 투철한 시인다운 시인이다.

4. 자연, 사물과의 교감과 관조

시인은 사물에 이름표를 붙여주는 존재다. 잊혀져가는 고향마을의 사물에도 시인이 와서 이름표를 붙여줌으로써 그것들은 새로이 의미가 부여되고 생명력이 붙어 부활의 영광으로 되살아나는 것이다. 박 시인의 작품 전반을 둘러볼 때, 박시인의 눈은 넓어 다양한 사물들과의 교감이 이루어진 것을 확인할 수가 있다. 그래서 필자는 '영육의 경계를 넘나드는 엄청난 시혼의 바다' 라고 일컬은 바 있다. 자연과 주변 사물과 보이지 않는 영적 대상들, 이 모두가 그의 눈에 들어오면 시가 되고 옥석(玉石)이 된다.

A

맑은 물 푸른 목소리 / 삼경에 듣는 노래 //
치마폭 적시고 / 멈칫 선 산 그림자 //
꽃 같은 나룻배 떠서 / 끄덕이는 고백이다.

내 마음 빠뜨리고 / 웃고 있는 풀꽃들 //
한 세상 삼키고도 / 배부르지 않은 수평 //

은하수 한없는 강줄기 / 떠가는 고요로다.

–「호반에서 3」 전문

B

둥근 돌 기침소리 / 꽃잠을 깨우는데 //
수마(水磨)의 정진 끝에 / 만공(滿空)으로 익은 원석//
목마른 한 점의 묵원(黙願) / 무극(無極)의 섬이 되다.

거친 마음 보듬으며 / 다가서는 세상살이 //
퍼낼수록 진한 정(情) / 바칠수록 깊은 기도 //
내 곁을 지키는 수석 / 마음의 샘물 긷다.

–「수석」 전문

글 A는 고요한 호반의 정경을 미끄러지듯 잔잔하게 잘 묘사해낸 솜씨가 범상치 않다. 1연에서 호반에 흐르는 목소리도 평강이 넘쳐 흐르는 '푸른 목소리' 라고 하며, 멈칫 선 산그림자도 '치마폭 적셨다' 고 감각적으로 노래한다. 이러한 표현기법은 상당히 세련된 것으로서 호반의 환상적 정경에 물아일체(物我一體)의 경지에 빠진 시인은 '한 세상 삼키고도 배부르지 않은 수평' 위에 떠가는 고요 삼매경에 몰입되어 있다.

글 B는 수마(水磨)의 정진 끝에 만공의 원석으로 화한 돌이 '무극의 섬' 이 되었다는 점을 노래하고 있다. '무극(無極)의 섬' 이란 무엇인가? 끝없이 단련되어 둥글둥글 둥글어진 무한 세계를 동경하는 작가의 이상 세계일 터이다. 그래서 수석(壽石)은 '목숨 수(壽)' 자를 쓴다. 작가는 제2연에서 1연의 정기를 이어받아, 거친 세상살이를 수석의 둥근 혼을 반려로 삼아 늘 곁에 두고 닮아가면서 현실을 극복하려는 의지를 노래하고 있다. 이러한 표현은 작가와 사물과의 이심전심 교감(交感)이 없이는 절대로 이루어질 수 없는 것으로, 사물에 대한 깊은 관찰과 사유와 관조가 잘 드러난 경우라고 볼 수 있다.

C
갯바람 등 떠밀어 / 오대양을 떠돌다가 //
시들지 않는 몸으로 / 남으려는 욕망의 덫 //
꿈꾸던 햇살에 누워 / 피어나는 하얀 꽃

한 알 생명 녹아들어 / 한 소절의 음악이 되고 //
사랑하올 임의 강 속 / 굽이굽이 애무하다 //
향 맑은 핏줄 가득히 / 유랑하는 소금 꽃.

– 「소금의 꿈」 전문

D
진흙에 뿌리박고 / 탁류 위에 피는 백련 //
백중날 대중 청법(請法)에 / 한 동이 피운 화설(花說) //
세파에 물들지 말고 / 속 뜻 펴라 이른다.

온 세상 고운 색상 / 만년 닦아 희어지랴 //
천자만홍(千紫萬紅) 견준 들 / 백련만큼 고우랴 //
오묘한 감로수 설법 / 날로 희게 환생하라

– 「백련차설(白蓮茶說)」 전문

글 C에는 소금이 갖는 의미와 그 속성이 의인화 기법에 의해 아주 잘 표현되어 있다. 이 글에서는 소금의 속성이, 비록 바닷길 오대양을 떠돌다가 마지막 종착지에 이르렀지만, 썩지 않고 시들지 않고 끝까지 남아 한 생명의 핏줄 속에 녹아들어 유랑하며 꿈꾸는 '하얀 꽃' 으로 미화되어 있다.

글 D에는 백련(白蓮)의 속성을 들어 세파에 물든 인간의 모습을 정화(淨化)시키려는 작품 의도가 나타나 있다. '탁류 위에 피는 백련', 그것은 서정적 자아가 지향해야 할 하나의 맑은 거울로서, 인간에게 세파에 물들지 말고 고운 색상 날로 닦아 희게 환생(還生)하라고 설법해 준다. 가히 의인화 기법에 의해 은근히 교훈적 의미까지 제시해 주니, 감성이입의 표본을 보는 듯한 느낌이다.

박시인은 소위 포시법(捕詩法)에 능하다. 시상을 찾는 심정으로 하나의 사물을 접하게 될 때에, 어린 아이가 가지 끝에 매달린 잠자리를 살금살금 다가가서 날개를 홱 낚아채듯 단번에 시상을 포착하여 작시(作詩)의 망으로 끌어들인다. 그래서 그의 시조는 글 D와 같이 현장감 있고 실감실정의 정서가 넘쳐흐른다.

5. 영적 세계를 넘나드는 초월적 인생관

박시인의 여러 글들을 읽다 보면 공자께서 말씀한 '군자불기(君子不器)' 란 말이 떠오른다. 그의 시상들은 일정한 그릇에 구애 받지 않는다. 꿀 담으면 꿀단지요, 물담으면 물단지다. 그래서 그의 글을 읽으면 영육의 경계를 넘나드는 엄청난 시혼의 바다에서 유영하는 듯한 느낌을 받게 되는 것이다.

A

산 모퉁이 옛길로 요량소리 가는데
숨소리도 내지 않고 등짝에 업힌 채
녀석은 맨몸으로 누워 고갯마루 오르네.

화톳불에 녹여도 등 시린 사시나문데
뗏장 한 겹 덮고도 입김을 내뿜으며
그 친구 세상모르고 잠들어 오지 않네.

허망하게 떠난 놈의 빈자리 슬픈 바다
평안히 웃는 영정 손 내밀지 않는 만남
향 한 줄 하늘거리며 얼굴 위로 날아간다.

사시사철 꽃바람 그 길로 보내주마
발자국 없는 걸음 꽃잎을 놓으려마
묵언의 바람 노래에 박수를 보내주마

–「분향의 숨결(파도일기 10)」 전문

B

들길을 건너서 산으로 가는 기폭
돛단배처럼 너울대며 흩뿌리는 찔레꽃
옛집의 대나무 꺾어 / 달아맨 시 한 소절

글썽이는 눈망울 워낭소리 들고 간다
왕골자리 펴 놓으면 해당화도 엎드린다
덧없는 여한을 말아 / 상여에 얹은 혼백

긴 행렬 춤을 추듯 / 환송의 찬가 부르듯
평생을 밟아온 땅 누워서 흘러간다
만삭의 뱃가죽 같이 지어놓은 봉분 한 채.

–「만사(輓詞)」(파도일기 14) 전문

글 A는 친구를 영원히 보내면서 영정 앞에서의 무상감과 아픔의 심경을 구구절절 나타낸 연시조다. 허망하게 떠난 놈의 빈자리는 슬픈 바다와 같다. 영정은 평안히 웃고 있지만 그는 다시 손 내밀지 않는다. 다만 슬픔에 젖은 향불 한 줄기만이 줄을 긋듯이 휘어져 나붓거린다. 그럼에도 불구하고 서정적 자아는 작별인사로 '~꽃바람 그 길로 보내주마', '~꽃잎을 놓으려마', '묵언의 바람 노래에 박수를 보내주마.'라고 읊조리고 있다. 영원히 돌아올 수 없는 슬픔을 맞아 박수를 보내다니 이러한 아이러니는 무엇인가? 이 글에 나타난 서정적 자아의 슬픔 심리는 소위 '애이불비(哀而不悲)'의 정서이다. 슬픔을 감추고 스스로 자위하려는 소월(素月)의 '진달래꽃' 역설과 통하는 기법이다. 죽음은 환생의 첫 단계이기에 출발의 의미를 지녔으며, 이별은 이별이 아니고 만남을 위한 단계이기에 박수로 보내는 것이다.

글 B도 덧없는 인생을 뒤로 하고 만장기(輓章旗) 나부끼며 북망산을 향해 가는 이의 마지막 모습을 잘 묘사해 놓았다. '찔레꽃'이나 '대나무', '워낭소리', '왕골자리'는 고인이 생전에 즐겼던 정물들이리라. 여기서도 서정적 자아는 만가(輓歌)를 '환송 찬송 부르듯'한다고 읊조렸다. 이러한 시상은 작가의 심성이 회자정리(會者定離) 거자필반(去者必返)의 인과정신과 맞닿아, 그의 긍정적 인생관이 잘 나타난 좋은 예라고 생각된다.

이 밖에도 이러한 정서는, 「신들의 울음」, 「바닷길」 등에도 나타나 있는데, 박시인은 심안(心眼)의 눈을 뜨고 영과 육의 경계를 넘나드는 폭넓은 시상의 세계를 여러 군데서 선보이고 있다. 아마도 그의 사전에는 영원한 이별은 없고 오직 현실을 초월한 깨달음의 심연, 거기서 피 올리는 생명력만이 존재할 것이다.

C

파도 위에 하늘 살고 / 눈물 위에 영혼 산다//
하늘 사랑 구름 되고 / 영혼 사랑 이슬 된다 //
목마른 하늘과 영혼 / 몸 적시는 빛과 어둠

온 길을 모르고 / 넘어지는 밀물소리//
갈 길도 모르며 / 기어가는 썰물소리//
선창에 갈매기 소리 / 뱃고동 끌고 간다

–「바닷길(파도일기 0) 전문

D

귀환한 침묵 위에 간이역 괘종시계
서지 않는 바쁜 초침 따라가는 분침 시침
둥근 뼈 이음새 없는 혼백의 질주다

열두 짐 쏟아놓은 황토 빛 별자리
평행의 창밖으로 삶의 세월 흐르는데
열차는 바람을 먹고 쉼 없이 달린다.

이슬이거나, 서릿발로 만나는 객실 정경
어느 역에 내릴지 다른 별 다른 이정표
축축한 외로움이 싫어 지워버린 간이역.

침목으로 레일로 시간으로 공간으로
눈 내리는 당신의 무릎, 달리는 하얀 열차
설원의 뼈로 누워서 저 바람에 덮이리라.

–「뼛속으로 내리는 눈」 전문

글 C와 D는 박시인의 소재에 대한 취재의 범위가 어떠한 지를 잘 알려주는 글들이다. 글 C가 '하늘과 바다', '빛과 어둠', '사랑과 영혼'을 넘나들며, '밀물과 썰물'이 출렁이는 바닷길에 떠 있는 갈매기처럼 혼돈의 시대를 살아가는 현대인의 모습을 그려냈다면, 글 D는 축소지향형의 취재로서 뼛속의 세계를 밀도 있게 그려내고 있다. 서지 않는 시간의 틈바구니 속에서 혼백(魂魄)은 질주하고 그것은 바람을 먹고 쉼 없이 달린다.

작가는 이 글의 제목을 '뼛속으로 내리는 눈'이라 하였지만, 내용은 쉼 없이 흘러가는 세월 속에서 뼛속 깊이 사무친 인생 역정(歷程)의 단면을 상징적으로 그려내고 있다. 정처없이 바람타고 인생을 열차처럼 달리다 보면 만나게 되는 험난한 설한풍 때문에 고독에 젖은 축축한 간이역 따위는 돌아보지도 않고 아랑곳없이 달린다. 종착역에 도달하여 결국은 설원의 뼈로 누워서 그 바람의 품으로 돌아가리라는 작가의 시상은 상당히 상징적이다. 여기서 '바람'은 무엇인가? 한 때의 조류나 풍조를 뜻하기도 하겠으나, 여기선 대자연의 지체인 서정적 자아가 자연(自然)의 품으로 돌아가고자 하는 작가의 내면 심리를 드러낸 것이라고 봄이 옳을 것이다.

엄청난 에너지와 생명과 소망이 깃들어 있는 이 시혼의 바다에서 유용한 싯구 한 편을 건져 올리는 일은 오직 영적으로 눈을 뜬 시인만이 할 수 있는 특권이다. 박시인은 사유의 깊이가 깊고 영성과 감성, 그리고 지성을 겸비한 작가이다. 그래서 그의 시조에는 에토스(ethos)적인 지성과 파토스(pathos)적인 감성이 조화를 이루면서 작품 전체를 관류하고 있다.

지금까지 박헌오 시인의 작품세계를 대표시조 중심으로 살펴보았다.

이번에 출간되는 시조집 〈뼛속으로 내리는 눈〉은 박시인의 농축된 체험이 무르녹아 있는 결정체요 생생한 울림소리이다. 그의 글들은 넓고 넓은 사유의 바다에서 건져 올린 시혼의 산물이며, 쓰라린 체험에서 우러나온 진솔한 삶의 족적들이다.

인품이 돈후(敦厚)하여 정감이 가는 박시인은 그의 인격만큼 풍부한 체험과 감수성과 상상력을 지니고 있는 바다 같은 시인이다. 남달리 체험을 통해 터득한 올곧은 영성과 지성을 갖추고 등대지기와 같이 인생의 좌표를 제시하고 있는 박시인의 구도자적인 삶의 태도에 찬사를 보내며, 이 한 권의 책이 독자들의 심금을 울려서 우리 사회를 밝게 비춰주고, 메마른 가슴들을 촉촉이 적셔주는 맑은 샘터가 되길 바란다.

2014년 6월 25일

여강시가회, 『여강의 물결』 작품 평설

본향을 찾아가는 영혼의 울림소리

여강시가회 회원들의 시심을 한데 묶어서 정성으로 펴낸, 〈여강의 물결〉제10호 발간을 진심으로 축하드린다.

여강시가회 역사가 20년을 바라보는데 그동안 오랜 전통과 문력을 지닌 시가회의 눈부신 발전과 업적은 문우들 사이에서 또는 문단 활동을 통해서 익히 알고 있다. 특히 필자는 여강시가회 회원님들의 시심이 고스란히 쟁여 있는 시집 〈여강의 물결〉을 매번 받아보고 회원님들의 필력에 감탄해 마지않은 적이 많았다. 이번에도 여러 회원님들의 주옥같은 글을 읽으니 가슴 벅찬 감동이 온다.

삶의 편리성만을 좇아 분주히 살아가는 현대인들은 물질적으로는 풍족하지만 정작 정신적으로는 빈곤 상태이며 옛사람들보다 여유가 없고 정서가 메말라 있다. 인간은 본래 표현 욕구를 지닌 사회적 존재인데, 정서의 생수가 공급되지 않으니 세상은 점점 더 삭막해져 가고 있는 것이다. 이럴 때 내면으로부터 솟구쳐 오르는 시심을 진솔한 글로 옮기며 자신을 되돌아보는 일은 개인적으로는 인생의 족적을 남겨놓는 보람된 일이 될 것이며, 사회적으로는 주변을 맑고 밝게 만들어 주는 청량제의 역할이 될 것이다.

사실, 옛사람들은 시 쓰는 일이 생활의 한 방편이었다. 그래서 일찍이 논어에서는 '불학시 무이언(不學詩無以言)'이라 하여 '시를 배우지 않으면 말을 할 수가 없다'고까지 하였다. 또, 사람의 인격을 들어, 사람의 인격은 '시로써 감흥을 일으키고 예로써 규범을 세우며 음악으로써 완성을 본다(興於詩 立於禮 成於樂)'고 하였는데, 이러한 말씀은 사람은 리듬감각을 지닌 시를 떠날 수가 없으며 모든 일상이 시에서 비롯된다는 뜻이기도 하다.

여강시가회 회원들의 글은 모두가 하나하나 소중한 옥석과 같이 빛이 난다. 글에 따라서는 좀더 조탁의 과정을 갖고 수정해야 할 부분들도 있으나, 이러한 면모는 글이란 늘 완전성을 확인할 수 없는 미완의 존재라는 말을 상기해 볼 때 충분히 이해가 가는 면이다. 이번에 게재된 글 중에는 간간이 유형이 다른 것도 있지만 전편에 걸쳐 시조가 대부분이다. 그리고 시조의 대부분은 장시조이고 단시조의 수가 적다는 점이 특이한 현상이다. 시조의 특성을 압축성, 간결성, 긴장성이라고 볼 때, 이번 작품들에서 장시조가 많다는 점은 표현욕구의 충만 현상으로도 볼 수도 있으나, 한편 '간명성'이라는 시조의 특성을 잘 살리지 못하였다는 아쉬움도 많다.

이번에 실린 많은 편수의 시들을 일일이 다 열거하여 평설을 할 수는 없으나, 그중에서 특히 눈에 띠는 몇 편만을 선정하여 살펴보고자 한다.

1. 자연 친화와 애향정신

여강시가회 회원들의 작품은 대체적으로 자연친화와 국토와 애향정신에 관한 글들이 많다. 이러한 현상은 대부분 상위 연령층일수록 더하다. 주변 사회나 대인관계보다는 자연에 귀의하여 그 넓은 품에 안겨서 순리에 따르고자하는 심정과, 삶의 귀착지인 본향을 추구하는 데서 생기는 애향심은, 인생 경륜이 많은 작가들의 강한 창작 모티브로 작용하고 있음을 알 수 있다.

엎드린 등줄기로 붉은 햇살 부서지고
여울진 구비마다 초록 전설 깃을 치네.
맑은 골 가슴 한복판 하늘 자락 흐르는 길

메아리 흰옷 입고 둑길 달려 퍼져 가면
바람은 계절 따라 풀잎에 나부끼고
우암산(牛岩山) 우뚝한 뜻을 비단길로 펼쳤네.

역리(逆理)를 거슬러서 역수(逆水)로 흐르는 건
주성(舟城)에 배를 띄워 무심(無心) 향한 행로인가.
불러 볼 이름을 찾아 낮게 낮게 흐르네.

부르면 달려가고 또 부르면 달려오고
동서로 잇는 다리 열여섯 등불 켜고
어둠을 뚫고 가는 뜻 오늘에야 밝혀주나.

– 노인숙 「무심천」 전문

청주 무심천은 남에서 북으로 흐르는 특이한 역류의 강이다. 전 4수로 연결되는 이 시조는 청주 도심을 가로지르며 관통하고 있는 무심천의 특성을 잘 묘사하면서 그 강의 특성으로 어두운 현실을 뚫고 나아가려는 시인의 의지가 전편에 넘쳐흐른다.

제1수와 제2수는 청주를 가로질러 흘러가는 무심천 등줄기의 소망어린 모습과 서려있는 뜻을, 제3수는 역수(逆水)의 신비스런 의미를, 제 4수는 동서로 잇는 다리의 "열여섯 등불"을 인용하여, 무심천의 의미를 어두운 현실을 뚫고 내비치며 미래의 지평을 열어주는 하나의 '등불줄기'로 묘사하고 있다.

이 글은 독자들에게 무심히 지나치기 쉬운 주변의 향토적 소재에 대하여 깊이 생각해 보게 하고 그 존재의미를 살펴봄으로서 하나의 애향정신과 국토사랑정신을 일깨워준다. 기행문이나 찬양문의 경우 대개는 진부한 설명으로 일관되어 거부감과 지루한 느낌을 주나 이 시조의 경우는 비유가 참신하고 사유의 깊이가 깊으며 대상에 감정이입을 하여 의인법에 의한 시상을 전개함으로써 시의 효용성을 살리고 현장감이 넘쳐흐른다.

좀처럼 말이 없다 첫 만남도 그러했다
농아가 아니라고 힘주어 말을 한다
햇볕에 검게 탄 바위 빗소리가 서럽다.

파뿌리 하얗도록 둘러앉아 심던 수다
울창했던 정자나무 세월을 헤아리고
해종일 지우지 못한 기억 하나 더듬는다.

한 뼘 남은 그늘 아래 바람살도 쉬어가는
침묵이 금이라고 가르침에 귀를 열고
웃음꽃 골목 사연들 당신 품에 안긴다.

– 양상군「턱밑 바위」전문

시의 생명은 무엇인가. 비유와 상징이다. 이 시는 산 정상 어디쯤 있는 "턱밑 바위"에서의 감회를 주로 썼다.

선경후정(先景後情)의 작시법을 일반적 경향으로 볼 때 앞부분은 서경, 뒷부분이 감상 부분인데, 이 글은 감상 위주로 구성되어 있다. 사물의 특성만을 집중 묘사하여 현장감으로 그려낸 여타의 작시풍과는 확연히 구별되는 특이한 창작법이다. 햇볕에 검게 탄 말 없는 '턱밑 바위'를 의인화하여 '침묵이 금이라고 가르침에 귀를 열고' '웃음꽃 골목 사연'을 '당신 품'에 안기고 있는 시인의 시상 전개 기법이 범상치 않다. 이러한 시적 전개는 지난한 삶의 현장 체험을 겪어낸 뒤, 그 체험 속에서 우러나온 깨달음의 소산으로서 사물에 귀가 열린 작가의 혜안 세계가 잘 나타나 있다. 시적 묘미는 함축과 암시에 있다. 한 편의 시로서 사물과의 대화로 통할 수 있으며, 그것을 통해 깨달음을 얻고 내면세계를 유감없이 나타내며 독자에겐 큰 감흥을 준다면 이보다 더 기쁜 일이 어디에 있겠는가.

하늘 길 휘 돌아온 수로부인 저민 꽃잎
눈바람 떠돌다가 젖어서 찾아온 길
가파른 산등성이에
철쭉으로 피어난다.

피멍든 그림자는 구름으로 떠나가고
새소리 물소리며 달빛까지 스며들어
바람꽃 비워낸 가슴
결 고운 그대 눈빛

아픔도 곰삭으면 저리도 눈부실까
천제단 혼이 되어 제 한 몸 불사르고
맴도는 천년의 사랑

흰나비로 날아드네.

– 민승희 「천년의 눈빛」 – 태백산 철쭉 – 전문

이 글은 태백산 기슭에 피어난 철쭉꽃을 보고 그 아름다운 인상을 차원 높게 그려낸 연시조이다. 하늘길 휘돌아 내려온 그 철쭉은 '수로부인 저민 꽃잎'이며 '눈바람'으로 떠돌다가 지상에 내려앉은 '바람꽃 비워낸 가슴'이요, '결 고운 그대 눈빛'이다. 꽃이 의미심장한 내력 없이 단순한 눈요기로 내비쳐 있다면 그건 꽃이 아니다. 아름답게 되기까지는 비바람과 눈물과 아픔이 서려 있는 오랜 인고의 세월이 필요하다. 그래서 작가는 피멍들어 곰삭아서 눈부신 '천제단의 혼'이나 영적 소생의 산물로 피어난 '천년의 사랑'으로까지 승화시키고 있다. 아마도 이 글에서 '흰나비'는 아픔의 과정을 거쳐 제 한 몸 불사르고 천공을 헤매 도는 우리 민족의 오늘 모습일지도 모른다.

절경을 본 일반적 기행시의 경우 묘사의 대상은 대개 찬양적인 진술로 이어지는 경우가 많은데, 그럴 때 현장에서 느낀 대상의 인상을 시적 감성으로 공감력 있게 멋스럽게 표현하는 일은 결코 쉬운 일이 아니다. 이글은 비유가 적절하고 시상의 점층적 전개 방식 기법이 공감성을 확보하고 있어 소재 표현에 대한 적절한 시작법의 예시 작품이라 할 만하다.

넘어질 듯 넘어질 듯 굄돌이 아슬하다
곁에 서서 바라보면 춤을 추듯 휘진 다리
우리의 신명 하나를 여기서 보고 있다.

그 마음 살짝 기울면 끝에서 넘어지나

덮개를 받쳐내는 굄돌의 힘의 여유
아마도 조상의 혼이 막음돌 찾고 있나.

– 박창수 「강화 고인돌」 전문

시조의 멋은 압축과 간결미에 있다. 그러나 그러한 형식적 특징에서 오는 미감도 좋지만, 그 내용에서 풍겨오는 시적 아포리즘이나 시사성 또한 묘한 맛을 제공해 준다. 이 시조를 읽으면 넘어질듯 넘어질듯 땅에 닿도록 기울어도 넘어지지 않고 상모를 돌리는 농악대의 신명나는 놀이를 연상할 수 있다. 온갖 무거운 짐을 떠안아도 쓰러지지 않고 버팅기고 있는 아슬아슬한 우리 민족의 모습을 어찌 상상하지 않으랴. 그러한 모양은 아슬아슬하지만 덮개를 받쳐내는 힘의 여유가 있으며 풍류가 있다. 그것은 조상이 물려준 정신이요 저력이기도 할 것이다.

이 글은 조상이 물려준 정신문화에 감탄하면서 아슬아슬 흔들거리는 현실을 염려하고 애향심과 애족정신을 은연중에 고취시키고 있어 그 의미가 크다. 다만, 종장의 "조상의 혼이 막음돌 찾고 있나"는 시상 전개의 흐름으로 볼 때 주제성의 약화를 불러올 우려가 있으므로 재고할 필요가 있다고 본다.

2. 사랑과 인정, 그리고 자아성찰

눈 쌓인 얼음 밑 / 겨우내 스미시니
새 봄날 깨어난 / 개울물 흘러가고
뿌리를 휘감은 힘이 / 이끼풀로 돋았군요.

손끝을 흔드실 때 / 오신 줄 알았지요.

얼고 마른 제 몸은 / 혈관에 피가 돌고
겹겹이 부풀은 꽃잎이 / 멍울마다 터집니다.
– 원용석 「봄바람의 사랑」 전문

이 글을 읽으면 인생 저편에서 오랜 인고의 고난을 견디고 찾아온 생명의 여신이 손을 내밀어 화자에게 사랑의 씨앗을 심어줄 것 같은 느낌이 들어 잔잔한 감동을 준다. 시상의 전개도 조용하면서도 독백적이며 생명력이 있고 감수성이 짙다.

1연에서, 생명의 원천인 '개울물'이 흘러 뿌리 깊은 생명 현상인 '이끼풀'이 돋아났으며, 2연에서 그러한 은총과 축복으로 혈관에 피가 돌고 꽃잎이 부풀어 터진다. 이글은 마지막 부분을 개화의 환희적 순간에 비유하여 마무리 지음으로써 맑고 밝은 인생을 살아가려는 작가의 소망적 의지가 잘 나타나 있다.

시는 매력이요 마력이다. 하나의 붓끝으로 변화무쌍한 현실세계를 향기로운 꽃밭으로 만들기도 하고 음침한 골짜기로 만들기도 한다. 생각이 기우는 방향에 따라서 결과가 달라지는 소위 '끌어당김의 법칙'이 적용되는 것이다. 그래서 시인의 시심은 늘 배고프면서도 맑고 밝아야 하며 사물을 대하는 태도도 순수하고 긍정적이며 생명력이 있어야 한다. 이글은 그러한 풍격을 지니고 있으며 소망의식과 생명의식이 전편에 넘쳐흐른다.

내 안에 / 빈자리 / 바람 불고 / 비가 오고
어쩌다 / 그대가 / 앉았다 / 가고나면
풍랑이 / 고요해지고 / 피어나는 / 물안개
– 박두화 「내 안에 빈자리」 전문

단시조로 이루어진 이 시조는 외로움과 그리움의 노래이다. 여기서 그리운 그대는 언제나 내 곁에 상주하지 않고 어쩌다 잠깐 왔다 사라져버리는 존재다. 그러나 가뭄에 잠시 쏟아지는 소나기가 생명을 건지듯이 님이 그렇게라도 머물다 가면 마음의 위안을 받는다. 그래서 마음의 풍랑은 이내 잔잔해지고 마음 저변에서는 소망의 물안개가 피어나는 것이다. 이 글은 시조의 정격에 충실했으며 쉽고도 간명하게 주제의식을 표출해 내었다. 그러나 형식면에서 살펴보면 시행이 12행으로서 음보별 배행을 한 것을 알 수 있다. 시행의 배열은 시상 전개상의 의미와 리드미칼하게 율독할 때의 걸음걸이를 고려해야 된다. 정형시로서, 이 글을 낭송할 때 음보별로 마디마디 끊어 읽는 것이 전체 주제에 어떤 영향을 끼칠 것인가를 생각해 보아야 한다.

말없이 마을가듯 가셨던 어머님이
밤눈이 어둡다고 근심을 하시더니
구름문 살짝 열고서 낮 나들이 오셨네.

– 성낙수 「낮달」 전문

이 글은 이 세상에 아니 계신 어머니를 그리워하는 노래이다. 프로이드(Sigmund Freud)는 모성회귀본능은 '남성의 자아에 잠재해있는 원형의 여성성'이라고 하였지만, 사실 어머니는 모든 이들의 마음의 본향이요 안식처이다. 품에 안기면 본연의 내 집이요 진정한 내 고향이기에 아늑하고 평안하며 벗어나면 불안하다. 어느날 이웃에 마을 가듯 갑자기 곁을 떠나가신 어머니, 밤눈이 어두워 낮에 나타나신 하늘나라 어머니는 낮달이 되어, 아들이 보고 싶어 구름을 열고 내려다보신다.

이글은 비유와 착상이 참신하다. 이와 같이 단 3장만의 단시조로 써 삶의 애환이 점철된 긴 사연을 압축적으로 보여줄 수 있으니 이것이 시조의 멋과 맛이다.

외손자 품에 안고 어루루 깍꿍까궁
까르르 웃음소리 내 어깨 주무르니
어이구 시원하구나 힘이 불끈 솟는다

외손녀 쪼르르르 코 앞에 얼굴 넣고
할부지 내동생이야 아가를 끌어안아
아가야 누나왔다고 입마춤이 바쁘다

옆자리 애기 에미 빙그레 미소짓고
외할미 외할부지 마주보며 씽긋씽끗
잠이 깬 꼬마인형은 눈망울만 꿈벅꿈벅

– 박용식 「한핏줄」 전문

훌륭한 시에는 여러가지 주제 유형이 있다. 교훈을 주는 시, 감동을 주는 시, 깨달음을 주는 시, 재미성을 제공해 주는 시, 생활의 경계심을 제시해 주는 시 등이 그것이다. 하나의 시에서 포괄적 효과를 기대할 수도 있지만, 작가는 하나의 시를 가지고 이러한 여러 가지 유형적 특색들을 한꺼번에 다 글에다 반영해 낼 수는 없다.

3연으로 이루어진 이 시조는 가족(핏줄)의 소중함과 끈끈함을 실감나게 묘사해 내고 있다. 흔히들 가족관계를 시적으로 표현할 때 일상적인 도덕적 관념 시어들을 사용하여 특색이 없고 진부하다는 평을 많이 듣는데 이 시조는 그런 면을 뛰어넘어 상당히 참신하게 표현된 글이다. 이 글이 표현 소재를 너무 확대하여 '외할미', '외할부지'까지 한 것은 고려되어야 할 일이지만, 그럼에도 불구하고 상당히 인상적이라는 평을 받는 것은 가족 간의 끈끈한 정을 특히 의태어를 많이 차용하여 재미성과 실감성을 제공해 주고 있기 때문이다.

간결미와 함축미를 추구하는 시조에선 위와 같이 의태어나 의성어를 많이 사용하여 시상을 전개해 나가는 것도 실감실정을 나타내는 창작의 좋은 방법이다.

진종일 갈바람만 / 가슴은 아픈 파문
버려야 할 헛된 것을 / 잡으려는 미련인가 //
풀잎에 / 반짝 머물다 / 사라지는 이슬인 걸

늦깎이 비바람이 / 세차게 몰아치며
덧쌓인 잔욕의 / 폐지들을 쓸고 간다 //
이 가을 / 뚝뚝 떨어지는 / 낙엽같은 내 허상(虛想)

– 우성훈 「가을 단상(斷想)」 전문

이 시조는 영혼의 울림에 따라 쓴 자아성찰의 글이다. 인생은 경륜이 쌓이고 연단을 많이 쌓을수록 지나온 세월들에서 교훈을 발견해 내며, 홀로선 자신을 되돌아보게 된다. 가을은 조락(凋落)의 계절이다. 쓸쓸한 가을을 맞이하여 작가는 스스로가 얼마나 허무하게 인생을 살아왔는지 얼마나 허욕을 부리며 세월을 허비해왔는지를 반추해 보고 있다. 이 글에서 끝부분 종장에 나타난 '이 가을 뚝뚝 떨어지는 / 낙엽 같은 내 허상(虛想)'은 이글의 절창으로서 주제 의식을 강하게 드러내 주고 있어 인상적이다.

시는 영혼의 울림이어야 한다. 떠오르는 시상은 우러나오는 감성의 흐름에 따라 자연스럽게 서술되어야 한다. 서술과정에서 주제와 소재가 정해졌을 경우 가장 급선무는 시어 선택의 문제인데 때마침 적재적소에 배치할 적합한 시어가 생각이 안 나서 안절부절 답답해 하는 경우가 많다. 그럴 때는 일단 비슷한 시어라도 끌어다 그 자리에 앉혀놓고 자연스럽게 시상을 연결해 나가야 한다. 그렇게 일단 완성을 시킨 다음 그 어색하게 앉혀 놓은 시어는 차후에 재심하여 하나 둘씩 수정하여 나가면 좋은 결과를 얻어낼 수 있다.

3. 사물에 대한 관조와 교감

아침 햇살 듬뿍 받고 복스럽게 웃는 얼굴
아프고 쓰라린 일 안으로 다스리며
마음의 거울 닦는다 그 내면(內面) 보이도록

화단(花壇)엔 앉지 못해 울타리 매달리어
오는 이 가는 사람 임이신가 기다렸다
무심히 지나는 바람 눈시울만 적시네.

입술은 투박해도 도량(度量)은 넓으신가
바람이 불어와도 바람 날 일 없는 여인
고개를 살짝 숙이고 다소곳 앉아 있다.

– 원용우 「호박꽃」 전문

이 글은 호박꽃을 의인화시켜 그 속성에 따른 특징을 잘 묘사해 내어 독자들에게 안기는 감동이 크다. 감동 깊은 좋은 글을 쓰려면 객관적 상관물로 제시된 사물의 속성과 특성을 잘 파악하고 창작에 임해야 한다. 이 글에서 호박꽃의 속성을 두고 복스럽다든지 입술은 투박해도 도량은 넓다든지 바람 불어도 바람날 일 없다든지 하는 언어들은 그러한 면이 잘 나타난 부분이다.

문학성이 뛰어난 글의 경우 대개 설명과 묘사가 조화롭게 구성되어 있다. 그러나 문학의 미적 감성을 자극하는 것은 어디까지나 설명보다는 묘사 쪽이다. 이글은 표현기법 면에서 전편에 걸쳐 '설명과 묘사의 조화'가 잘 이루어져 시적 미감을 더욱 잘 나타내 주고 있다.

또한 내용 면에 있어서도 이 글이 던져주는 암유적 멧세지는 의미가 깊다. 글을 쓸 때 기교에만 치우쳐 전달 내용의 성실성을 잊기 쉬운데 이글은 내면의 깊이가 깊은 일편단심의 소박한 여인상을 희구하고 찬미하는 교훈적 의미가 숨어 있다. 그러한 작가의 의도는 '바람이 불어와도 바람 날 일 없는 여인'이란 시행 하나만 보아도 잘 알 수 있다. '여기서 앞뒤의 바람'은 각각 '부는 바람'과 '외도하는 바람'을 뜻하니 동음이의어를 이용한 묘한 표현기법으로 주제성을 확연히 드러내 주고 있다. 이 글은 표현면에서의 예술적 가치, 내용면에서의 교훈적 가치, 즉 문학의 예술성과 교훈성을 공유하고 있어 바람직한 글의 전형이라 할 만하다.

몇 광년 거리를 짚어 지상에 내렸던가
바람에 흔들리는 낯이 선 별자리가
순은 빛 예쁜 수놓아 새 하늘을 만든다

사랑은 사랑만으로 멀어진 은하 양 켠
칠월도 칠석이면 눈물짓던 그 별들이

오늘은 낮게 내려와 내 앞에서 뜨고 있다

풀잎은 잎을 굽혀 바쁘게 물을 긷고
독사와 개구리가 함께 노는 뿌리 근처
꽃별의 소망을 담은 혼의 노래 듣는다.

– 리강룡 「쇠별꽃의 하늘」 전문

이 글은 시인이 얼마나 글감으로 주어진 객관적 상관물에 몰입될 수 있으며, 얼마나 그것들과 대화를 통하여 동화될 수 있는가라는 자문을 받게 만든다. 땅바닥에 납작 엎드려 붙어서 여러 갈래로 줄기머리를 내밀고 하얗게 별모양을 우려내는 앙증맞은 쇠별꽃, 그것은 몇 광년의 거리를 짚어 지상에 내려온 신비스런 별자리다. 작가는 그들의 우주에 들어가 그들과 함께 노닐며 소망의 노래도 듣는다.

시는 어린이의 눈으로 돌아가 대상물과 순수하게 동화되지 않으면 좋은 글이 될 수 없다. 이글에는 그러한 표현기법이 놀랍게 동원되어 있으며, 현미경을 들여다 보듯 자연물을 관조하는 독특한 작가세계가 현재형 시제로 전개되어 있어 더욱 현장감을 자아낸다. 순수한 눈으로 사물을 바라보는 심미안이 깊고 넓으며 개성적 안목이 뚜렷하여 범상치 않으며 독자들의 마음을 끌어당긴다.

말 못하고 떠난 임 그 사연을 담았구나
촉을 틔는 자주색꽃 가지마다 소식 이고
앞섶을 / 푸는 바람에 / 소식 하나 전하려고.

듬성듬성 달렸으면 가련키도 하련만은

덕지덕지 붙었으니 외롭지는 않겠구나
속임수 / 만연한 세상에 / 뭉쳐야만 산다더냐.

다 품고 산다는 건 쉽지는 않겠거늘
흉년은 멀리 갔나 주걱에 붙은 밥알
서둘러 / 꽃 먼저 피운 뜻 / 잎 돋으면 알겠거니.

– 장희구 「박태기꽃 앞에서」 전문

시인은 새로움을 발견하는 사람이다. 일반인이 무의식적으로 흘려보내기 쉬운 사실들을 시인은 그냥 지나치지 않고 그 특징을 잡아내어 의미를 부여해 준다. 박태기나무는 줄기에 잎이 나기 전 자주색의 꽃이 주걱에 밥알 붙은 모양으로 오톨도톨 피어나 밥풀때기처럼 독특한 모양을 형성한다. 작가는 그러한 독특한 모양의 박태기에 혼을 불어넣고 교감을 통하여 흥미롭게 시상을 전개시켜 나가고 있다. 말못하고 떠난 임에 비유된 그것은 마디다마디 사연이 깃들어 있고 가련하지만, 덕지덕지 붙은 모습으로 흉년도 견뎌낼 수 있으며 외롭지 않다고 자위하고 있다.

그러나 이 시가 암유하고 있는 상징성은 끝부분의 종장에 있다고 본다. '서둘러 꽃 먼저 피운 뜻 잎 돋으면 알겠거니'란 뜻은 무엇인가. 여러 가지 다의성을 내포하고 여운을 주면서도, 속임수 많고 풍파 많은 세상에서 온갖 어려움을 당하였지만 서러운 자의 깊은 뜻은 나중에서야 알게 된다는 뜻이다. 이글은 식물의 특성에 감정이입기법을 투사하여 작가의 의식세계를 접목시키면서 시상을 전개시켜 나간 표현기교가 돋보인다.

색 바랜 무단폐기물 이름표 목에 걸고
벽돌담 모퉁이서 늙어가는 자전거 하나
끝 모를 노숙의 시간 발 묶인 채 졸고 있다

뒤틀리고 찢긴 등판 빗물이 들이치고
거리 누빈 이력만큼 체인에 감긴 아픔
이따금 바람이 와서 금간 생을 되돌린다

아무도 눈 주지 않는 길 아닌 길 위에서
금이 간 보도블록에 제 살을 밀어 넣을 때
산 번지 골목 어귀를 밝혀주는 애기똥풀

먼지만 쌓여가는 녹슨 어깨 다독이며
은륜의 바퀴살을 날개처럼 활짝 펼 듯
페달을 밟고 선 풀꽃, 직립의 깃을 턴다

– 장은수「애기똥풀 자전거」전문

이글이 눈에 번쩍 뜨이는 이유는 시어 차용의 적합성과 신선함, 그리고 이질적 사물간의 교감을 통한 시상 전개가 리듬감각에 맞춰 절묘하게 구성되어 있기 때문이다. 이글은 우선 제목부터가 특이하다. '애기똥풀과 자건거'라 하지 않고 '애기똥풀 자건거'라 한 것은 2분법으로 분리된 이질감을 떠나 자전거와 애기똥풀과의 교합성과 교감성을 살리려는 작가의 의도 때문이라고 분석된다.

하나의 시를 완성하려할 때, 사물의 현상을 있는 그대로 묘사하는 것도 좋지만, 그럴 경우 작가의 상상력과 창의력은 틀 안에 갇히기 쉽다. 사물에서 느끼는 감성을 자기만의 개성적 안목으로, 상상력으로 신선하게 시상을 확장시켜 나가는 일은 작가가 추구해야 될 기본 태도이다. 진정한 시인은 목격한 사물에 이름표를 붙이고 생명을 불어넣는다. 이 글의 작가는 골목 구석에 무단폐기물로 버림받은 녹슨 자건거를 노숙자에 비유하여 의인화시키면서 그 처절함이 애기똥풀을 만나 교감하고 위안을 받음으로써 새로운 활로를 꿈꾸며 열어가도록 이끌어 간다.

대개의 경우 4연으로 이루어진 장시조는 시상이 늘어지고 사족이 붙어 지루하기 쉬운데, 이글은 장시조로 구성되어 있지만, 독특하게 사물을 바라보는 예리한 관찰력, 신선한 민초정신과 생명의식, 그리고 삶에 대한 소망의지가 시조의 리듬감각에 맞춰져 반짝반짝 빛이 나는 좋은 작품이다.

뜨거운 팔월 해에 신열 뜨는 목마름도
옷깃에 스며드는 향기를 품어 안고
동그란 황금빛 얼굴 까치발로 강을 본다.

이따금 바라보면 거친 숨 몰아쉬는
구름에 얼굴가린 가녀린 저 목덜미
하나씩 까만 생명을 가슴속에 박는다.

채울 곳 다 채워서 더 채울 곳 없는 날
부끄러워 고개 숙여 휘파람을 불어볼까
씨방 속 영글어 박힌 내 유년의 일기장

– 임연혁 「8월 해바라기」 전문

이 글은 해바라기의 속성과 추억을 서정적 자아의 자화상과 연관

지어 쓴 연시조로서 사유의 깊이가 깊고도 참신하며 의인법에 의한 감정이입 수법으로 제재를 다루는 솜씨도 능숙하여 신선감을 준다.

햇살을 따라 제 몸을 가누고 사는 해바라기는 시에서 흔히 소망의 지를 품고 사는 객관적 상관물로 많이 등장한다. 이 글에서도 해바라기의 특성을 의인화시켜 형상화하고 자아의 입장을 거기에 투사해 넣음으로써 동일시 감성을 불러일으켜 시적인 성공을 거두고 있다. 해바라기는 영근 황금빛 얼굴로 하나씩 까만 생명의 씨앗을 지니고 있으면서도 때론 까치발 들고 저 멀리 생명의 강을 바라보며 소망의 꿈을 꾸는 존재다.

이 글에서 작가가 떠올리고 있는 해바라기의 이미지는 작가의 실존적 의식과 상당히 접근해 있다. 해바라기는 햇살의 따가움과 비바람의 고통을 겪어낸 뒤 까만 씨앗을 품고 성숙할 즈음 고개를 떨구어 내린다. 이 글에서 해바라기는 나이 들어 더 바랄 것도 없는 노경에 부끄러워 고개 숙이는 화자의 실체이며, 거기엔 유년의 모습도 알알이 박혀 있다. 오랜 인고의 세월을 겪어내고 성숙하여 까만 씨앗을 가슴에 품고 있지만, 그럴수록 부끄러움과 겸손이 몸에 배인 서정적 자아는 성숙해질수록 자연에 순응하며 더욱 고개를 숙이는 겸허스런 존재이리라.

아이들이 편안히 쉴 집을 마련코자
소나무 참나무랑 좋은 재목 찾아서
대팻날 / 벼리고 벼리어 / 다듬고 또 다듬다.

대목수 먹줄 튕겨 기둥에 보를 얹고
그 위에 도리 걸고 마룻대 옮겨 노니
설계도 / 그려 논대로 / 얼개를 이루었다.

당호(堂號)도 지어주며 예쁜 칠 해 놓으니
큰아이 작은아이 손잡고 모여앉아
정겨운 / 이야기 소리 / 꽃 피고 열매 맺네.

– 정진상 「상재(上梓)하기」 전문

'상재(上梓)' 란 본래 글자를 판목에 새기는 일을 말한다. 그러나 지금은 일반적으로 책을 출판하는 일을 두고 이르는 말이다. 작가는 최근에 '청진기에 매달린 봇' 이라는 신작 시조집을 세상에 내놓았다. 작가는 이러한 출판의 과정과 그 기쁨을 집짓는 일에 비유하여 멋지게 형상화시켜 놓았다.

이 글에서 '아이들이 편안히 쉴 집' 이라 함은 '후손에게 물려줄 정신적 유산' 을 뜻하리라. 그리고 '소나무랑 참나무랑 좋은 재목' 은 글 쓰는데 필요한 소중한 소재들을, 마지막 수에 쓰인 '당호(堂號)' 란 발간된 책의 이름을 비유한 말이다.

글을 멋지게 잘 쓰는 요령 중의 하나는 '돌려쓰기' 기법을 도입하는 일이다. 이는 알레고리(Allegory) 기법과 연관되는데, 직설적으로 고하기 어려운 상황의 글인 경우 더욱 그런 방법을 써야 한다. 학수고대 기다리고 기다리던 책을 세상에 내놓고 직설적으로 자화자찬하기보다는 그 과정이나 보람을 집짓는 일에 비유하여 은근히 돌려 표현함으로써 소위 '주문이휼간(主文而譎諫)' 의 효과를 거두고 있는 것이다.

이 글의 작가는 이러한 돌려쓰기 기법에 충실한 작법을 구사함으로써 많은 시인들에게 주목을 받고 있다. 완성된 건축물이 얼마나 많은 기쁨을 던져줄 것인가는 대목수의 감성과 지혜에서 나온 섬세한 설계와 그 건축기술에 달려 있다 하겠다.

지금까지 〈여강의 물결〉 제10집에 실려 있는 작품들을 (1)자연 친화와 애향정신, (2) 사랑과 인정, 그리고 자아성찰, (3) 사물에 대한 관조와 교감 등 세 분야로 분류하여 살펴보았다. 여기에 예시되지 않은 작품들도 상당히 수준 높은 작품들이 많이 있으나, 지면 관계로 일일이 다 들어 평설할 수 없음을 안타깝게 생각한다.

송나라 때 구양수는 '시궁이후공(詩窮而後工)'이라 하였다. 글이란 곤궁함을 겪은 후에라야 성공작이 된다는 뜻인데 이 시집에 실린 작품들은 하나하나 농축된 체험을 바탕으로 쓰여진 소중한 족적이요 역작들이다. 이 소중한 옥고들이 시인여러분의 소중한 삶의 흔적이요 영원히 간직할 보옥이 되길 바란다. 그리고 더 많은 작품들을 논의의 대상으로 삼지 못한 것을 아쉽게 생각하며, 이 시집에 참여한 모든 시인들의 평강과 문운을 빈다.

2012년 11월

三益齋에서, 효봉 이광녕

왕영분 시집, 『참나리, 사계를 살다』 작품 평설

해맑은 시혼에서 우러나오는 생명의 작시법

왕영분 시인의 작품세계는 춘삼월 옥계청류를 연상케 한다. 왕시인 자신도 "영원히 맑고 깨끗한 여울이고 싶어" "흰여울"이라 시집명을 정했다고 했다.

시적 상황의 설정부터가 맑은 샘물이다. 변화무쌍한 사계절을 제재로 삼는다 해도 그 귀착점은 모두 생명수를 마시면서 호흡하는 샘터다. 짐짓 깊은 상처는 몰래 감춰두고 푸른 하늘 아래로 달려가 해맑은 시혼을 뿌려놓고 나아가는 순수 생명의 작시법, 이것이 왕시인이 지향하는 시적 에스프리다.

서걱이며 부딪는 뼈마디 / 앙상한 가지마다엔
人情이 그리워 울부짖는데 / 붉은 단풍 좋아라.
이리 저리 바람과 노닐고찬바람 눈치 챈 다람쥐 / 도토리 하나 입에 물고 들락날락
머리 위로 낮게 날던 까치 한 마리 / 밤톨 하나 떨어뜨리니
저린 팔 미동에도 얼굴 찡그리네.
힘없이 잡은 손 행여 놓칠세라 / 앙다문 입술사이 거친 숨소리뿐
찢기고 할퀸 상처뿐인 자리 / 흰 눈 쌓이고 비바람 불고 가면
연둣빛 여린 싹 곱게도 나겠지

－「晩秋」 전문

왕시인의 작시 원동력은 찢기고 할퀴어진 상처뿐인 자리에서 인정이 그리워 울부짖지만 '연둣빛 여린 싹'만을 예견하는 감성이미지다. 감정이 이입된 시적 자아는 '앙상한 가지'로, 가련한 '다람쥐'로, 생명을 갈구하며 사랑의 공간을 넘나든다. 객관적 상관물에 대한 관념적 표현이 아니라, 깨달음의 심연에서 퍼 올리는 생명력의 희구다. 세월을 거스른 거친 숨소리나 상처도 왕시인의 시혼에 들어가면 결 고운 새싹으로 다시 트는 것이다. 이렇듯 시 전편을 흐르고 있는 생명의 물줄기는 그녀의 시 세계 전체를 관류하고 있는 작시적 모티브이다.

왕시인의 시에서 일차적인 원소가 '깨달음'이라 하면, 그 필연적 산물은 '초월과 달관'의 경지이다. 왕시인은 오랜 교편생활과 가정적 어려움을 통해 농축된 달관의 발자국을 따라 징검다리를 조심스럽게 건너가고 있다.

여보게, 나그네, / 내 등 밟고 가시게
앞서 간 친구 부러워 말고 / 심혈 기울여 한발씩
그렇게 정성스레 밟으시게

가다보면 생각 짧아 / 무릎 꿇고 주저앉고 싶더라도,
모난 쪽 돌아 다시 시작하시게 / 쉬이 가지 못한다고
한탄 하지 말고 앞만 보고 가시게

시계 보지 말고 / 그렇게 천천히 가시게
때로는 발아래도 / 그토록 아름다운 세상도 있음을
기억이나 하시게나.

-「징검다리」 전문

이 글에 나타난 시적 화자와 청자는 거리를 두고 있으나, 실제로는 동일한 캐릭터로 밀착되어 있다. '나그네'에게 건네는 말을 통하여 시인은 스스로에게 화두를 던지고 결과적으로 스스로에게 귀착되는, 심리적 안정기제의 투사기법을 구사하고 있다. 왕시인의 이런 표현기법은 독자들에게 교시적 의미를 주기보다는 스스로(ego)를 껴안고 가면서 던지는 일종의 방어기제(防禦機制, defense mechanism)이다. 뒤 돌아보지 말고, 시계도 보지 말고, 앞만 보고 슬픔을 이겨내며 흰여울 징검다리를 건너가는 여인의 발자국은 지난한 삶의 역경에서 터득한 초월자의 모습이다. 시인은 어쩌면 구상(具常)식의 에토스적 요소와 목월(木月)식의 파토스적 요소의 조화를 시도했는지도 모른다.

위의 시에서 한번 더 주목해야 할 부분은 '때로는 발 아래도 / 그토록 아름다운 세상도 있음을'이라는 시구이다. 남의 눈물은 가볍게 지나쳐버리는 현대인들의 속물적 근성에 비해, 이렇게 작은 것에도 감사하며 역지사지의 마음으로 남을 배려할 줄 알며, 어둠 속에서도 꽃을 발견해 내는 시인의 진지한 삶의 태도는 평범한 소재를 수용의 미학으로 승화시키고 있다.

시인이 시적 대상에 대하여 부여하는 태도는 크게 수용적 태도와 비판적 태도로 나누어 볼 수 있다. 작품의 주제에 따라 작가의 안목은 달라지겠지만, 왕시인의 작가적 태도는 긍정과 수용적 태도에 경도되어 있다. 시인 자신이 겪은 인생 역정으로 보아 찢어진 가슴은 꿰매어 감추고 돌아서서 미소를 짓는 퍼소나(persona)이다. 그래서 시적화자의 말소리는 밝은 목소리이지만, 눈물을 감추고 무대 뒤쪽에서 흘러나온다. 숙명적 현실을 긍정하고 수용함으로써 스스로를 위로하며 하늘을 바라보는 시적 자아의 모습에서 우리는 시인의 풍격(風格)을 발견할 수 있다.

더 할 것도 / 덜 할 것도 없는/
홀가분한 마음만으로, / 행여, 앙금 남아 있다면,
덜어 낼 수 있는 만큼만 / 털어내고, 간직한 채
그래 하늘이 푸르른 날에는
눈물 좀 흘린들 어떠리. / 쉽게 울어도 보고
큰 소리로 그리운 이름도 불러보자

–「푸르른 날에는」 일부

큰소리로 외쳐 불러보고 싶은 '그리운 이름'은 누군가. 왜 푸르른 날에는 기쁨의 쾌재보다는 오히려 눈물을 흘리고 싶다는 것인가.

시인의 가슴에는 다 털어내려고 했지만, 도저히 다 털어내지지 않는 '앙금'이 남아 있다. 그것이 상처라 해도 그것은 크나큰 아쉬움이고 다시 현현(顯顯)시키고 싶은 소중한 존재이기에 결코 다 털어 낼 수는 없다. 그리고 그 존재는 어쩌면 시인의 정신적 지주로서 가슴 속에 영원히 자리 잡고 있을 것이다. 그러나 불가능의 현실임을 인식하게 될 때, 시적 자아는 차라리 '쉽게 울어' 카타르시스를 체험하려 하고 있다.

일찍이 호라티우스는 그의 〈시학(詩學)〉에서 시인은 '유용하려고 또는 자기만족을 위하여 시를 쓴다'라고 하였다. 문학을 효용론적 관점에서 보는 시각은 동서고금을 통하여 널리 강조되어 왔다. 논어(論語) 계씨(季氏)편에는 '不學詩 無以言'이라 하여 '시를 배우지 않고서는 아무 말도 할 수 없다.'라고까지 하였다.

여기서 주목해야 될 주안점은 호라티우스의 '자기만족'과 논어의 교시성(敎示性)이다. 오늘날 '자기만족'은 고대의 효용론에서와 같이 꼭 수제치평(修齊治平)의 대도(大道)만을 이룬 자기만족이 아니라, 험난한 현실에서 소외받지 않으려고, 무언가에 귀의 · 안착하려고 시도하는 내면적 · 정서적 '위안(慰安)' 쪽에 가깝다. 현대 작가는 작품을 통하여 불안감에서 보상을 받으며, 심리적 '위안'을 획득함으로써 자기만족(self satisfaction)의 카타르시스적 경지에 들어서게 되는 것이다. 「푸르른 날에는」의 경우도 예외는 아니다.

> 그곳엔 성난 파도만 넘실대고 / 하얀 포말로 사라진 추억만이
> 짠 소금기로 남아 아려오는데 / 흉측한 굴 껍데기 좁은 공간엔
> 한줌의 물조차 허용치 않고 / 원망스럽게 하늘만 바라보네.
> 먼데 이야기 속삭이던 발자국 / 사라진지 오래인데
> 발밑까지 차오르는 서러움은 / 자꾸만 뒷걸음질하며 돌아본다.
> 어리석은 미련, / 후회 없는 삶이 어디 있을까만,
> 반백의 머리 쓰다듬는 굵은 손마디 / 사이로 빠져나가는 지난날들,
> 그래, 잊을 건 잊어야지,
>
> -「겨울 바다」 전문

인간은 험난한 삶의 현실에 몰입하다 보면 어느 틈엔가 그늘이 끼이고 자기 자신은 흉측한 모습으로 어느 공간에 와 있다는 걸 깨닫게 된다. 그리곤 삶의 본질은 제쳐두고 원망과 절망 속에서 앞으로 나아가지도 못하고 자꾸만 뒤를 돌아보게 된다. 왕시인의 생명의 동인(動因)은 과거이다. 그녀의 시 전반에서 나타나는 지난날의 서러움은 단념하려 해도 그녀를 놓아주지 않고 자꾸 뒤에서 잡아끌고 있다. 그러나 그녀는 모른 체 '어리석은 미련'이라며 뒤 돌아보지 않고 힘주어 앞으로 나아가고 있다. 그래서 반동작용(反動作用)의 역학적 에너지가 눈물을 삼키면서 그녀와 함께하고 있는 것이다.

시인은 자신을 잘 다스려야 한다. 기구한 운명과 혼곤한 삶에 지쳐 기진맥진한 자에게는 자신을 다스리는 지혜가 필요하다. 미시적

인 세계에 집착하여 숲을 보지 못한다면, 새로운 봄은 다시 오지 않는다. 먹구름 위에는 찬란한 태양빛이 있다는 진실을 인지하고 있다면 어두운 시심(詩心)에도 이내 불이 켜지는 것이다. 왕시인의 시에서는 이러한 다스림의 미학과 초월의 의지가 시적 자아의 모습으로 형상화되어 청아한 목소리를 낸다.

시인은 '나무그늘의 뼈'까지도 발견할 수 있는 안목을 가져야 한다. '돌에서 피를 뽑아낸다'는 김수영의 말과 같이, 척박한 땅에서도 생명의 원형질을 추출해 낼 때, 작품의 가치는 더욱 생명력을 획득할 것이다.

시집 〈흰여울〉은 왕시인의 농축된 체험이 녹아흐르는 맑은 영혼의 샘터요 공급원이다. 이 한권의 시집이 어둡고 음울한 현실을 밝게 비춰 주고, 독자들의 심금을 울려서 맑은 영혼의 소리로 가슴결마다 흘러넘치길 바란다. 남달리 깊이 있는 자아성찰과 현실 극복의지로 푸른 하늘만을 그리며 앞으로 전진하는 왕시인의 해맑은 작시태도에 찬사를 보낸다.

다만, 낯설게 하기의 기법, 변증법적 부정미학의 추구나, 비유를 통한 시어의 절제와 긴장미의 창출 등은 앞으로 왕시인이 자신의 시적 영역을 확대해 나아가야 할 과제라고 본다.

왕시인의 역량으로 보아 앞으로도 더 주옥같은 명작들이 줄줄이 선보이리라 기대가 된다. 결 고운 시집, 〈흰여울〉의 상재를 진심으로 축하드린다.

경인년 4월 25일,

삼익(三益) 우거(寓居)에서, 효봉 이광녕

감성의 바다에서 건져 올린 깨달음의 시학

정산(珵山) 이 헌(李憲)님의 글은 사물에 대한 단순한 일상적 묘사나 평이한 생각의 나열이 아니다. 객관적 상관물에서 느끼는 인상과 그 현상에서 수용된 개성적 상상력이 세미한 감성과 바다같이 깊은 사유의 세계에서 광활하게 펼쳐진다. 많은 작품들을 감상해 보았지만 정산처럼 하나의 사물에 대하여 심도 있게 무한한 사색과 폭넓은 상상으로 시상을 전개해 나간 예는 드물다. 어떻게 이러한 놀라운 감상력과 묘사력이 거침없이 뿜어 나올 수 있단 말인가?

이러한 필력은 그가 본래 타고난 문재(文才)이기도 하지마는, 무엇보다도 인백기천(人百己千) 정신으로 습작에 몰두한 평소의 노력이 크게 작용했으리라 본다. 오랜 세월 동안 공직생활로 온갖 세상 풍파를 체험한 경륜 많은 그이지만, 고희의 나이임에도 불구하고 남다른 향학열과 학구열이 매우 강한 작가로서, 구도자로서 이 시대에 보기 드문 학구파요 문사이다.

정산의 글은 전편에 걸쳐 사물을 관조하는 폭넓은 감성적 바탕 위에 상상을 펼쳐 나아가는 사유의 세계가 심오하고 무변광대하다. 하나의 객관적 상관물을 놓고 독특한 개성적 안목으로 인생과 연관

지으며, 그 함축적 의미를 형상화시켜 의미를 부여시켜 나아가는 창작기법의 운용 또한 독특하고도 뛰어나다.

1. 물심일여(物心一如)의 시심, 그 산뜻한 감성과 무위자연(無爲自然)

인간은 자연과 더불어 살아간다. 인간도 자연의 일부이기에 태어나고 자라고 늙어가다 종국에는 자연의 품 안으로 돌아간다. 그러기에 인간이 자연과 더불어 자연스럽게 살아가는 것은 지극히 자연스러운 일이다. 대부분의 작가들이 자연을 피사체(被寫體)로 삼아 서화(書畵)를 다루고 있지만, 정산의 경우에는 자연과 인간을 동일선상에 올려다 놓고 교감하며 공존하면서 감성을 주고받는다.

A

쉬엄쉬엄 오르다가 허리 펴니 뚫린 가슴
건너 산 옮겨다가 구름 한 점 얹어주고
어스름 내리는 산길 달과 함께 걷는다.

–「뒷동산에 올라」 전문

B

거미가 줄 내리면 어둠도 따라 내려
해종일 그을린 별 밤에야 눈을 뜨고
거슬러 산에 오르니 보름달이 꽉 찼다.

–「산에 올라」 전문

C

숲속 얘기 일어서는 야트막한 달빛 동산
별똥비 소원 담아 두 손에 받쳐 들고

휘영청 구름을 타면 보름달이 앞서 간다.

-「별을 헤며」 전문

D

갈등을 벗고 나면 구름도 달 내주고

한시름 삭혀내면 여린 맘 무뎌질까

먼 길을 다시 돌아와 바람에게 길을 묻다.

-「바람에게」 전문

윗글들은 각각 단시조로 엮어진 것들이지만, 이글들을 읽으면 물심일여(物心一如), 물아일체(物我一體)의 합일 정경이 오히려 독자로 하여금 황홀감 속에 빠져들게 한다. 화자와 구름, 산, 별, 달이 함께 어우러져 주객일체의 경지에 몰입된다.

정산은 '달'의 시인이다. 정산의 작품 중에는 그 소재로써 '달'이 많이 등장하는데, 전편에 걸쳐 등장하는 '달'은 자연을 대표해 주는 대유적 상징물이라고도 볼 수 있다. 정산의 글에 나오는 '달'은 박목월(朴木月)의 '구름에 달 가듯이'에 등장하는 그 '달'과 유사한 감성을 불러일으킨다. 작품 속에서 그것은 외로움이 낳은 상징물이고 또한 소망의 표상이기도 하다.

작품 속의 화자는 자연과 함께 놀고 달과 함께 둥실둥실 뜬다. 시적인 아름다움은 객관적 상관물을 어떻게 자신만의 신선한 개성적 안목으로 묘사하고, 그것을 어떻게 효과적으로 구성하여 공감대 속으로 끌어 들이냐 하는 데에 따라 결정된다. 위의 글 A, B, C, D에는 공히 '달'이 등장하는데, 달을 중심으로 '자연과 인간의 교감'이라는 정서적 감흥 위에 시조의 운율미적 요소까지 가미하여 독자들에게 큰 감동을 준다.

E

부리로 하늘 쪼면 낮달이 흔들리고
오므린 입을 열면 개울물 맑은 소리
행여나 기다리는 맘 햇살 한 올 말갛다.

–「다사로운 오후」 전문

F

잘리고 팽개쳐도 지켜야할 목숨이라
척박함 배고픔도 온몸으로 이겨내고
겨우내 몽그린 정열 분노처럼 터뜨린다.

한평생 가시 달고 아프게 살아온 넋
신 새벽 진한 향기 바람에 실어내면
온 세상 넘치는 숨결 송알송알 깨어난다.

달빛도 수줍어서 하얀 이 꼭 감추고
기대고 어울리며 함께 꾼 찬란한 꿈
이제는 다 내어주고 눈꽃 되어 날린다.

–「아카시아 꽃」 전문

윗글 E는 단시조이고, F는 3연으로 이루어진 연시조이다. 이 작품들도 자연을 동떨어진 외부세계로 보지 않고 감정이입법에 의한 합일 개념으로 인식하여 인간과의 동행자로서 교감하면서 함께 걸어가는 모습을 선명히 보여 주고 있다.

글 E 「다사로운 오후」는 티 없이 순수한 화자의 기다림 몸짓에 해맑은 자연이 응답하는 동화(同化)의 경지를 표현하여 정갈하고 산뜻한 작품성을 드러내 준다.

글 F의 「아카시아 꽃」에서는 '아픔을 통한 아름다움의 창출'이라는 긍정적이면서도 역설적인 함의(含意)가 신선감 있게 형상화 되어 있어 작가의 필력이 영롱히 빛난다.

아카시아는 가시가 있지만 그 꽃의 향기만은 일품이다. 글 속에서의 '가시'는 자기방어의 무기이기 이전에 육신에 지닌 아픔이요 장애이다. 그러나 그 찔림의 '가시' 때문에 누구든 더욱 낮아지고 자기를 되돌아보게 되니, 그것은 자기 발전의 원동력이요 향기 창출의 원동력이 될 수 있다. 성경에서 육체의 가시(질환)를 지닌 사도 바울이 능력 있는 선지자가 되고 온 누리에 큰 향기를 끼칠 수 있었음은 그 좋은 예이다.

인간은 누구든 이 쓰라림의 체험이 있은 후에라야 아름다운 향기를 뿜어 낼 수 있다. 작가는 이러한 '가시'의 진정한 의미를 간파하고 아카시아 꽃의 순수한 아름다움을 그려낸 것이다. 논어에 '회사후소(繪事後素)'라 하였는데, 아카시아 꽃처럼 작가의 맑고도 하얀 바탕의 심성 위에 순수한 서정의 향기가 물씬 풍겨 나온다. 아마도 여기서 '한평생 가시 달고 아프게 살아온 넋'은 작가의 자화상을 그려낸 모습일지도 모른다.

2. 향수어린 추억과 귀소본능(歸巢本能)

'수구초심(首丘初心)'이란 여우가 죽을 때 자기가 살던 쪽으로 머리를 둔다는 뜻이다. 아무리 동물이라도 자기가 태어난 고향을 그리워하는 귀소본능은 있다는 뜻이리라. 동물의 경우가 그럴진대, 사람은 누구든 자기가 태어난 곳으로 돌아가고 싶어하 는 것은 인지상정이다.

정산 시인의 고향은 나주(羅州)이다. 그의 뇌리 속에는 늘 고향집에 대한 그리움과 향수어린 추억이 지워지지 않는 기념비가 되어 추억의 스크린에 들락거린다.

A
노을이 붉어지면 가을대추 절로 익고
금이라도 갈 것 같은 쪽빛 하늘 낯익어도
검버섯 돋아난 텃밭 넋을 놓고 앉아 있다.

–「고향집」 전문

B
빼꼼한 대문 틈새 바람만 들락이고
마당에 널린 잎은 지난 날 부스러기
토방 위 빛바랜 고무신 빈 배로 홀로 있다.

어긋난 덧문에는 구멍이 숭숭 나고
저녁놀 쇠잔하여 뒤란이 아슴해도
어릴 적 나를 안아준 품 넉넉한 둥지인데.

절로 핀 붉은 동백 기다림에 목 떨리고
햇살이 떠난 뜨락 서둘러 어둠 내려
언제쯤 달빛 사윈 집 등불 다시 밝힐까.

–「비어있는 집」 전문

C
내 고향 그리는 맘 몇 글자로 어찌 쓸까
뜨는 해 지는 노을 동구 밖 미루나무
밤 새워 생각해 봐도 오직 하나 어머니.

–「마음의 고향」 전문

진실성이 풍부하고 마음이 여린 사람들이나, 성장하면서 인생 상처가 깊은 사람들은 혼탁한 현실을 떠나 어릴 적 동심의 세계로 되돌아가고 싶은 마음이 간절하다. 거기에는 끈끈한 추억이 있고 정겨움이 있고 아름다운 순수가 있고 안온함이 스며있기 때문이다. 정산님의 작품집을 읽어보면 곳곳에 이러한 귀소본능적 작가의 심리와 성향을 감지할 수가 있다.

글 A와 같이, 작가의 고향집에는 예나 지금이나 대추가 익어가고 티 없이 해맑은 쪽빛 하늘이 있지만, 세월의 무상감을 이겨내지 못한 늙은 집채나 검버섯 돋아난 텃밭은 오랜만에 들른 발길에 안타까움만 더해 간다.

글 B 역시 비어 있는 고향집을 찾아보고 그 무상감과 안타까움을 토로한 내용이다. 낡은 대문과 빛바랜 고무신과 기다림에 지친 동백이 애처롭지만, 어릴 적 동심의 보금자리였고 이름다운 추억이 서려 있기에 또 찾아보고 달려가고 싶은 고향집이다.

요즘엔 많은 이들이 고향상실감에 빠져 있다. 세월의 칼바람에 밀려 상전벽해 되어 딴 세상이 되어버린 고향이 많기 때문이다. 그러나 아무리 그렇다 할지라고 수구초심의 귀소본능은 되살아나 돌아서면 또 가보고 싶고 그리워지는 것이 역시 고향이다. 그런 가운데, 무엇보다도 가장 그리운 것은 글 C에서와 같이 '마음의 고향'인 어머니의 품속이다. 모성본능(母性本能)의 본향인 어머니의 품속이야말로 고향 중의 고향이 아닐까? 작가는 이러한 심경을 '내 고향 그리는 맘 몇 글자로 어찌 쓸까'라며 '오직 하나 어머니'라고 술회하고 있다.

문학은 추억을 먹고 산다. 그래서 어릴 적 아기자기한 시골 추억을 많이 간직한 시골 출신들은 바탕 소재가 넉넉하기에 유명한 문인(文人)이 될 소지가 많은데, 작가 정산의 경우도 마찬가지이다.

정산 시인은 이밖에도 「고향 생각」, 「보리밭」, 「고향역」, 「샛강 억새」, 「고향 이야기」 등 많은 작품을 통하여 짙은 향수심을 드러내고 있다.

3. 비틀린 현실에 돌 던지다

문학은 현실을 있는 그대로 묘사하지만, 그 표현에 있어서는 흔히 우회적이다. '학벌이 없다' 라는 말은 너무 직설적이고 자존심 상하는 말이기에 '가방끈이 짧다' 라고 돌려 표현하는 것이 비유의 묘법이다. 문인들의 눈과 귀는 돌에서 흘리는 피를 볼 수 있으며 돌이 호소하는 목 메인 목소리까지 들을 수 있다. 정산 시인은 중후한 외모를 지니고 있지만, 작가로서의 그 목소리는 놀랄 만큼 섬세하고 감성적이다. 특히 빛바랜 현실을 바라보는 그의 시선은 날카롭기만 하다.

A

눈시울 붉힌 자국 불감증 물든 세상
마음 하나 접지 못한 바람의 신음 소리
장대 끝 빛바랜 깃발 온몸으로 울고 있다.

－「불신시대」 전문

B

잊고 있던 시린 상처 소름으로 돋아나고
빈 들녘 허수아비 알몸을 드러내고
세상사 거꾸로 간들 눈도 끔쩍 안할 걸.

－「비틀린 마음」 전문

C

산마루 걸터앉아 달빛을 걸러내고
새들의 발자국이 맑은 꽃 피워내도
억새는 눈물 한 방울 남겨두지 않았다.

－「우리 사는 세상」 전문

생떽쥐베리는 '가장 중요한 것은 눈에 보이지 않고 마음으로 보아야 한다'고 했는데, 오늘을 살아가는 사람들은 눈에 보이는 것만을 보고 산다. 배금주의와 허세와 탐욕으로 얼룩진 비틀린 세상, 작가는 이러한 세상을 날카롭게 꼬집으며 한탄하고 있다.

글 A에서는 불신풍조와 불감증 물든 세상을, 글 B에서는 실속 없이 허장성세하며 살아가는 뭇 군상들과 그 실체가 그대로 드러나는, 거꾸로 가는 비틀린 세상을 비판하고 있다. 글 C에서도 아무리 아름답고 선량한 손길이 세상에 뿌려져도 매정한 세상은 강팍하기만 하다는 차가운 현실을 고발하고 있다.

문학에서 현실 고발의 방법은 직접적 전달보다는 알레고리 기법이나 소위 '주문이휼간(主文而譎諫)'의 방식으로 돌려서 표현하는 게 좋다. 작가는 이러한 기법을 터득하고 '장대 끝 빛바랜 깃발', '빈 들녘 허수아비 알몸', '억새' 등의 시어를 차용하여 정의로운 사회에 대한 욕망과 이상향에의 복귀 의지를 효과적으로 표현해 내고 있다.

4. 이상향(理想鄕)에의 동경, 그리고 그리움

문학에서는 종종 현실을 있는 그대로 실감 있게 묘사해 낸다. 문학적 묘사는 단순한 사실적 모방이 아니라 감성과 개성의 미적 요소가 가미된 것이기에 예술적 가치를 지니고 있다. 그러기에 문학적 묘사하기는 하나의 기법 장치이기도 하지만, 내용 면에선 현실을 그대로 비춰주는 거울이기도 하다. 특히 리얼리티(Reality) 소설에서는 민초들의 삶을 있는 그대로 생생하게 묘사해 내는데, 그러한 과정에서 드러나는 것이 '어둠 속의 그늘'이다. 환경적 여건에 따라 완전한 사회라는 것은 존재할 수가 없다. 그러기에 작가들은 늘 이 '어둠 속의 그늘'을 실감 있게 그려내면서 도피처를 찾아 나서고 탈출구를 제시해 준다. 독자들은 작가가 제시해 주는 '어둠 속의 햇살'을 바라보고 그것의 빛줄기를 따라서 인생의 진로를 찾아 나선다.

정산의 글에서도 이러한 '어둠 속의 햇살'을 많이 발견해 낼 수가 있다. 비록 암울한 현실 세계이지만, 그 속에서 탈피하여 유토피아를 찾아가는 작가의 심미안(審美眼)이 작품의 여기저기 곳곳에서 반짝반짝 빛난다.

A

멧새 울음 이슬 되어 풀섶에 내려앉고
구름 벗긴 여린 달빛 억새꽃 물들이면
새벽은 어둠을 가둔 묶인 사슬 풀어낸다.

—「달빛 소나타」 전문

B

마음에서 점을 떼면 미움으로 파고들고
님에게 점 더하면 남이 되어 삭막해도
혼자가 우리가 되는 그런 세상 그린다.

—「동행」 전문

C

아침 햇살 환한 미소 그리움 싹 틔워서
눈부신 쪽빛 하늘 조각배에 실어두면
잘 익은 건들바람이 얼굴 하나 그려본다.

–「가을 하늘」 전문

위와 같은 시조에서는 이상향을 추구하는 시적 자아의 심경이 잘 묘사되어 있다. 먼저, 글 A에는 '여린 달빛'으로, '새벽빛'으로 암울한 현실의 상황에서 벗어나고자 하는 화자의 기원이 잘 드러나 있다. 그리고 글 B에서는 '마음'→'미움', '님'→'남'이라는 어휘 변화의 유추과정을 통하여 험악한 현실을 꼬집으면서, 비록 그런 어둠의 그늘 가운데 있을지라도, 상생과 공동체의식으로 다져진 아름다운 미래를 건설하려는 작가의 소망 의지가 그리운 이의 얼굴 그리듯 조용히 나부끼고 있다. 이 글에서 '혼자가 우리가 되는 그런 세상'은 공동체의식으로 다져진 상생의 세계를, 글C의 '눈부신 쪽빛 하늘'은 간절한 소망이 실현된 해맑은 '이상향'을 암유하고 있다.

D

봉숭아잎 콩콩 찧어 열손가락 칭칭 감고
모깃불 비릿 내음 여름밤 쓰는 편지
신 새벽 수줍은 햇살 첫눈 뜨는 금빛 순정.

–「봉숭아 연서」 전문

E

먼 길을 달려와서 가지 끝 멈춘 바람
숨겨온 아린 사연 호롱불 밝히고서
가슴 속 감춘 그리움 꺼내들고 보는 밤.

봉창을 반쯤 열면 다가선 작은 하늘
이 세상 오직 한 분 잊힐까 두려워서
실개천 내려앉은 달 두 손 가득 퍼 담는다.

–「그리움」 전문

F

목 꺾인 마른 갈잎 강물 위 내려앉고
빈 하늘 흐르는 별 여백을 수놓으면
찬바람 소리 없이 와 문풍지를 헤비다.

강 건너 외딴 마을 어둠을 채워 넣고
가지 끝 비끌린 달 봉창에 기대서면
반야(半夜)에 구르는 낙엽 행여 임의 소린가.

–「겨울밤 1」 전문

그리움은 외로움의 푸른 싹이다. 외로움의 고통이 있기 때문에 거기서 자라난 곁가지가 곧 그리움이다. 그것은 때론 슬픔을 동반하기도 하지만, 소망과 기다림의 행복감을 가져다주기에 뇌리에서 쫓겨나지 않는다. 그래서 그리움은 영원한 시의 탯줄이다.

윗글들에는 그리움의 미학이 전편에 흐르고 있다. 글 D「봉숭아 연서」에서는 새벽에 '수줍은 햇살 첫눈 뜨는 금빛 순정'이 추억 속에 아름다운 그리움으로 깃발처럼 나부끼고 있다. 글 E에서는 그리운 임을 '달'이라는 매개체로 감정이입하여 시상을 전개하고 있다. '가슴 속 감춘 그리움'을 남몰래 꺼내 보며 그분이 잊혀질까 두려워서 실개천 내려앉은 그리운 이의 얼굴인 달을 두 손 가득 퍼 담는 손길이 정겹다. 이러한 시상은 황순원의 〈소나기〉에서 순수한 사랑 감성을 지닌 소녀가 냇가 징검다리에 앉아 소년을 기다리며 헛물을 몇 번이고 움켜쥐면서 그리움의 표상인 조약돌을 퍼 올리는 광경을 떠올리게 한다.

글 F에서도 겨울밤 임을 기다리는 그리움의 서정이 넘쳐흐른다. 이 글도 서화담(徐花潭)의 시조 '만중운산(萬重雲山)에 어느 님 오랴마는, 지는 잎 부는 바람에 행여 귄가 하노라'를 연상하게 되니, 윗글 전편에 흐르는 그리움이 어찌 이리도 순수하고 맑을 수가 있을까? 이상향을 동경하면서도 그 이상향을 함께 누리고 싶어 하는 임에 대한 순박한 그리움이 순수 서정미로 햇살처럼 빛난다.

5. 문사(文士)로서의 발돋움과 명품(名品)에의 작가적 소망

정산 시인은 혼탁한 이 시대에 보기 드물게 고결(高潔)하고도 단아(端雅)한 문사이다. 지긋한 나이에 말없이 문예창작반에서 군자(君子)의 도를 지키며 모범적으로 탐구생활을 지속하고 있으며, 시의 창작에 있어서도 도광양회(韜光養晦)의 숨은 노력으로 빛을 나타내지 않고 남모르게 실력을 키워 놀라운 명품들을 쏟아낸다. 그가 붓을 들면 버려진 세월이 춤을 추고 짓밟힌 잡초에 꽃이 핀다.

A

가파른 길을 따라 세월이 익어가고
또 하루 지워 가면 남은 날 짧지만은
한 송이 꽃으로 남을 시 한 수를 쓰고 싶다.

―「이제 시작이다」 전문

B

마음에 길을 내면 보는 눈 환해지니
꿈같고 이슬 같은 티 없이 맑은 생각
한 줄 글 올곧게 꿰어 새아침을 맞는다.

—「세심(洗心)」 전문

C

대숲길 고샅 가득 별들이 내리는 날
고단함 묻어나는 등시린 바람 일면
글 한 줄 얻어 보려는 맑은 영혼 간절하다.

—「작은 소망」 전문

D

이슬로 적신 가슴 한 줄기 바람 일고
가을빛 휘어지며 명징한 하늘 열면
맑은 물 길어 올리듯 설렘으로 읊는 시.

—「설레는 마음」 전문

윗글들은 작가의 작시적 소망이 드러난 글들이다. 글 A에서는 이제부터 시작이라며 초심의 자세로 돌아가 '한 송이 꽃으로 남을 시 한 수를 쓰고 싶다'는 명품에의 소망을 진솔하게 표현하였다. 글 B와 C에서는 '꿈같고 이슬 같은 맑은 생각들을 한 줄 글로 올곧게 꿰어' 새아침을 맞고 싶다는 뜻과 함께, '글 한 줄 얻어 보려는' 작가의 간절한 소망이 알알이 맺혀있다. 글 D는 해맑은 심성의 바탕 위에서 '맑은 물 길어 올리듯'이 하나의 글을 창작하고, 설레는 마음으로 그것을 읊어보는 작가의 시적 정서가 가을 하늘빛처럼 곱다.

진달래꽃은 태산에 피지 않고 동산에 피어야 아름답다. 정산시인은 해를 노래하기보단 달을 노래하기를 좋아한다. 이렇듯 시를 쓰는 일은 글 C에서 '작은 소망'으로 겸손히 표현되었지만, 그는 시의 속성을 잘 알고 있으며 역설적으로 표현하면 그것은 그에게 있어서 인생일대의 아주 '큰 소망'일 것이다. 누구든 정산시인처럼 이렇게 소박하고 설렘이 있고 진솔한 마음 바탕만이 명품을 만들어 낼 수 있다.

이렇듯 맑은 심성의 바탕 위에서 객관적 상관물을 잘 그려낸 정산의 창작집은 그의 아호처럼 명품의 보고(寶庫)가 될 것이다.

6. 선비의 길을 가며, 군자(君子)의 도(道)를 실천하다

선비의 길은 외롭다. 어찌 보면 가시밭길을 홀로 걷는 외로운 나그네다. 세상 유혹의 손길을 벗어나 푸르기도 혼자 푸르러야 하며, 굴러도 연잎의 이슬처럼 곱게 굴러야 한다. '군자불기(君子不器)'라 하였는데, 군자의 도는 편협된 생각을 버리고 일정한 그릇이 없이 대상을 다 품고 다 용인해 줘야 한다. 그런 처신이 어찌 그리 쉬운 일인가? 그러나 정산 시인은 깊이 있는 성찰과 구도자의 자세로 인생길을 걸어가고 있다. 이러한 그의 수행자적 자세는 그의 글 여기저기서 은연중에 표출되고 있다.

A

어스름 달빛 내려 아픈 사연 포개 두면
계곡을 오른 바람 무시로 실어가고
벼룻길 외로운 길손 발걸음을 세며 간다.

－「나그네 마음」 전문

B

비좁고 척박한 땅 북풍받이 후미진 곳
수만(數萬) 잎 피워내는 다복솔 장한 모습

저렇듯 홀로 푸르니 눈길 자주 가더라.

－「아파트 단지 소나무」 전문

C

세상사 꿈 지우고 빈 하늘 떠돈 구름
노스님 죽비 되어 초록 잎을 깨우더니
오색 빛 영롱한 구슬 연잎 위로 구른다.

－「한낮 소나기」 전문

D

파도가 오고 가면 바다는 숨을 쉬고
감춘 속내 내보이려 하얗게 부서져도
언제나 그러하듯이 분노는 숨겨둔다.

－「바다는」 전문

윗글 A에서 제목 '나그네'는 본문 '벼룻길 외로운 길손'과 그 의미가 상통한다. '나그네'는 아픈 사연들을 가슴에 안고, 찬바람 부는 거친 세상에 홀로 묵묵히 자기의 갈 길을 가는 외로운 선비의 모습이다. 글 B는 아파트 단지 속의 후미진 곳에 홀로 푸르게 돋아 있는 소나무를 보고 그 낙락장송다운 기개와 지조를 찬미한 글이다. 그리고 글 C는 세상 허튼 꿈을 벗어버린 구름이 한낮에 소나기로 변화되어 종국에는 연잎 위에 구르는 영롱한 구슬로 탈바꿈된 과정을 그렸으니, 인간으로 말하면 모진 고난의 수행과정을 겪어낸 뒤에 얻어낸 득도(得道)의 경지를 상징해 주는 것이라 할 것이다. 이러한 시상의 전개는 작가가, 독야청청한 선비의 기상과 그 추구하는 바를 제시해 주는 암시적 표현이다.

글 D에는 바다처럼 넓고 광활한 심성을 지향하고자 하는 작가의 의도가 드러나 있다. '군자불기'라는 말처럼, 바다는 그 그릇이 자비스럽고 무변광대하기에 모든 것을 포용하고 모든 것을 감싸 준다. 특히 언제나 그 큰 그릇으로 '분노'는 드러내지 않고 숨겨 주니, 작가는 이러한 심성을 지닌 군자다운 덕망을 추구하며 그리워하고 있는 것이다.

시인은 말보다는 글로, 머리보다는 가슴으로 노래하는 존재이다. 이러한 글들을 읽으면 정산 시인의 선비다운 풍모와 군자다운 면모가 가슴에 와 닿는다. 작가의 과묵하고도 깊이 있는 평소의 심성이 그대로 반영된 글들이다.

7. 상처 싸매기의 몸짓, 그리고 나팔꽃 인생

마음 한 구석에 상처가 없는 사람은 없다. 다만 사람마다 상처의 크기와 깊이만 다를 뿐이다. 상처 받은 사람은 그 상처를 감싸기 위해 움츠리게 된다. 그래서 마음은 점점 좁아지고 극심한 피해의식 속에서 남을 경계하고 자기 나름의 보호막 울타리를 쳐댄다. 그런 결과로 상처 많은 사람은 속이 좁아져서 바늘도 들어갈 수 없게 된다.

오늘날의 세계는 불안의 연속이다. 인간은 삶의 현장들에서 마음의 평정을 깨뜨리는 사건들이 자주 일어나게 되는데 이것이 바로 불안이다. 이 때 자아는 마음의 평정을 회복하려고 갖가지 노력을 동원하게 되는데, 심리학적으로는 이것이 소위 방어기제(Defense Mechanism)이다.

상처 싸매기(wound enfoldment)란 말은 방어기제 심리에서 상당히 긍정적인 반응을 보인 예이다. 투사(投射)와 같은 병적 방어기제에서 벗어나 동일시나 합리화, 의도적 망각 등을 동원한 예이다. 오랜 공직생활과 사회 체험으로 인생 경륜이 두터운 정산 시인은 가시밭 엉겅퀴의 심술궂은 찔림을 다 겪어낸 장본인이다. 그러한 그가 오늘날 모범적 시인으로 떳떳한 의인으로 설 수 있게 된 것은 결코 우연한 일이 아니다. 백절불굴과 도광양회 정신으로 모든 것을 긍정적으로 밝게 보며 남몰래 상처를 싸매면서 노력해온 결과일 것이다.

A

눈부시어 더 하얗던 한결 같은 마음이랑
칼바람 거친 소리 가슴 한편 묻어 두고
이제는 거꾸로 가는 세월 열차 기다린다.

–「지난 세월」 전문

B

손톱 세워 후벼 파서 신열 이는 그런 날에
찬바람 나뒹구는 빈 들녘 홀로 서면
바람이 일러주는 말 세상은 다 그런 거다.

–「미운 마음」 전문

C

구름 걸린 산허리에 일어서는 거뭇한 숲
벽공에 금을 긋는 바람의 칼 매서워도
그 상처 홀로 꿰매며 눌러 참는 조각달.

–「허상(虛像)」 전문

D

전설을 품은 달이 산허리 올라서고
무서리 내린 아침 반짝이는 눈을 보며
막힌 숨 툭 틔워 열고 디딤돌을 놓는다.

–「새로운 다짐」 전문

글 A에서는 지난 세월에 대한 회한과 다시 돌아가고 싶어 하는 작가의 회귀심리가 드러나 있다. '거꾸로 가는 세월'이란, 못 다 이룬 지난 세월을 후회하며 다시 돌아가서 젊은 꿈을 이뤄보고자 하는 소망을, 미래로 가는 현실 앞에서 역설적 기법으로 표현한 것이다. 글 B에서는 관용과 배려심으로 거친 세상 저주스런 대상을 의도적 망각 등의 방어기제 심리로 포용하며 덮어나가려는 작가의 초월자세가 드러나 있다. 종장에 등장하는 '세상은 다 그런 거다'라는 말 속에는 이러한 삶의 자세와 자기 위안의 뜻이 들어가 있다.

글 C에서는 억제나 동일시 등의 방어기제 심리가 눈길을 끈다. 종장에 드러난 '조각달'은 모진 칼바람에 찢겨진 서정적 자아의 모습이 그대로 감정이입된 소재로서, 거친 현실을 눌러 참고 상처를 꿰매며 분연히 일어서고자 하는 삶의 자세가 은근히 드러나 있다. 그리고 글 D에는 달이나 산, 반짝이는 눈과 같은 자연을 보고 거기서 얻은 영감을 디딤돌로 삼아 새로운 인생을 개척하고자 하는 소박한 꿈을 그려내고 있다.

8. 인고의 정신과 삶의 극복 의지

논어에 '학이지지(學而知之) 곤이지지(困而知之)'라는 말이 있다. 성인(聖人)은 나면서부터 '생이지지(生而知之)'하여 깨닫지만, 현자는 배워서 깨닫고 보통 사람들은 곤궁함을 겪고 난 후에라야 깨닫는다는 말이다. 일찍이 구양수도 '시궁이후공(詩窮而後工)'이라 하였는데, 정산의 글은 학문으로 많이 배우고 곤궁함을 겪은 뒤에 나온 것이기에 더욱 감칠맛이 있고 실감나는 삶의 철학이 스며들어 있다.

정산 시인은 잡초로 우거진 자갈밭에 서 있으면서 머리는 늘 푸른 하늘을 바라보고 있다. 그의 작품은 오랜 풍상을 겪어내고 '곤이지지'의 경지에서 길어 올린 깨달음이 있기에 더욱 아름다운 꽃으로 피어나고 있다.

A
좁은들 어떠하랴 배고픔 못 견딜까
낯선 곳 버려진 땅 모질게 버텨 서서
오로지 꽃이 되고픈 가슴 저민 꿈 하나.

–「잡초(雜草)」 중 제2연

B
덜 깬 잠 채근하여 단추 꿰듯 세월 덮고
좁아진 삶의 행간(行間) 가쁜 숨 몰아쉬면
속으로 커가는 옹이 오랜 침묵 눈을 뜬다.

–「참고 살기」 전문

C
하늘을 가로 질러 사나운 바람 일고
시름을 들춰내면 생채기 살아나도
조붓한 마음 다잡고 온몸으로 터는 아픔

–「버티고 서기」 전문

윗글들을 읽으면 동빙한설(凍氷寒雪) 모진 칼바람을 다 이겨내고 버티어 온, 잡초처럼 살아온 작가의 인생 궤적과 서민정신을 떠올릴 수가 있다. 잡초는 강인하고 끈질기다. 글 A에 나타난 바와 같이, 정산은 비록 잡초와 같은 인생이지만, 오로지 꽃이 되고픈 일념 하나로 낯설고 버려진 모진 땅에서 꿈을 향한 집념 하나로 인생을 살아 온 작가이다. 참는 일과 버텨내기는 힘겹고 배고픈 이들이 지닌 무기이다. 글 B와 C에서는 아무리 속으로 커가는 옹이가 도드라지고 조붓한 형편일지라도 오로지 인내심 하나로 꾹 참고 덮을 건 덮고 털 것은 털어내며 마음을 다잡고 아픔을 이겨나가는 작가의 극복 의지가 돋보인다.

D
한 발짝 헛디디면 천길만길 나락이다
더운 밤 뜬눈 새며 온몸으로 피워낸 꿈
장한 뜻 이뤄냈노라 쉬지 않고 오르리라.

아침을 환히 여는 보랏빛 둥근 입술
울타리 넘본 세상 또 다른 사바(娑婆)인가
새도록 허공을 쥐고 새벽으로 다가간다.

–「나팔꽃 인생」 전문

E
노을이 홀로 내린 바람 이는 들녘에서
지우고 버려야 할 생각을 풀어내고
여린 맘 다잡아가며 그냥 거기 서 있다.

발자국 뒤로 하고 남은 날 가늠하며
찬란한 내일 아침 절절한 소망 안고
입 막고 귀 닫아걸고 거친 숨을 고른다.

–「자화상(自畵像)」 전 4연 중 3,4연

글 D에는 작가가 동경하는 이상향에 대한 성취 의지가 드러나 있다. '나팔꽃'은 어둠의 길목을 지나, 뜬 눈으로 밤새우고 고운 꿈을 안고 새벽에 고이 피어난 서정적 자아의 승화된 모습이다. 보랏빛은 고귀함을 상징하는 색깔이다. 어둠을 이겨내고 나팔꽃 둥근 입술로 새로이 태어난 시적 자아는 작가가 동경하고 있는 정토(淨土)의 중심인물인지도 모른다. 햇살 환한 몸짓으로 파라다이스를 꿈꾸는 작가의 해맑은 정서가 나팔꽃 밝은 미소처럼 반짝반짝 빛난다.

글 E에서는 자신을 되돌아보는 성찰과 재생 의지를 진솔하게 표현하였다.

'자화상(自畵像)' 하면, 조선시대 윤두서(尹斗緖)의 곧추세운 강렬한 얼굴 이미지가 얼핏 연상되지만, 문학작품으로는 윤동주(尹東柱)와 서정주(徐廷柱)의 '자화상'이 떠오른다.

윤동주와 서정주 모두 삶을 성찰하면서 자신의 내면을 고백하고 있다는 점에서는 공통적이지만, 윤동주가 암울한 시대에 적극적으로 대처하지 못하는 '부끄러움'에 초점이 맞춰져 있다면, 서정주는 현실에 타협하고 바람처럼 살아온 삶에 대한 회한과 그를 극복하려는 '생명 의식'에 초점이 맞춰져 있다는 점에서는 차이가 있다.

정산(珵山) 시인의 품성은 말수가 적고 조용하며 너른 바다 물결처럼 잔잔하다. 그러나 그 깊이는 아주 깊어서 아무리 친근한 사이라도 가늠할 수가 없다. 그의 자화상은 강렬한 인상이거나 자괴감에 사로잡힌 자의식형은 아니지만, 오로지 남은 여생 소박한 마음가짐으로 여린 맘 다잡아가며 소망을 실현하고자 하는 잔잔한 미래지향형적 선비스타일이다. 그는 현실에 타협하는 어용시인도 아니고 부끄러움의 그늘마저 외면하는 아나키스트도 아니다. 그저 묵묵히 필묵을 벗하면서 거친 현실에 입 막고 귀 닫아걸고 숨고르기 하며 욕심 없이 자기 앞길을 걸어가는 소박한 선비일 뿐이다.

혼탁한 세상, 뚝방길 봄햇살의 뿌림에 풀빛 돋아나듯, 고운 숨결 고르며 소망 안고 밝게 살아가려는 이 한 편의 시조에 작가의 건전한 인생관이 파릇파릇 빛난다.

지금까지 정산 이 헌시인의 글 중에서 주목할 만한 글들을 영역별로 살펴보았다.

정산 시인의 글들은 전반적으로 감성의 바다에서 건져 올린 깨달음의 시학으로 풀이될 수 있다. 감성의 깊이가 넓고 깊어서 무변광대하다. 그는 인고의 정신을 지니고 묵묵히 선비의 길을 가면서 미래에 대한 건전한 이상향을 바라보면서 그것을 잘 그려내고 있다. 그의 창작 배경은 자연을 바탕으로 정든 고향집과 어머니와 인정에 둘러싸여 있지만, 그의 성숙한 창작 배경은 고난의 세월과 그 삶의 언저리에서 건어 올린 깨달음의 파편들이다. 그러기에 그의 작품들은 꾸밈없이 진솔한 면이 짙으며, 독특한 시어의 차용과 비유적 요소가 절묘하게 어우러져 있어 시상 전개가 흥미롭다.

그리고 글의 형식에 있어서도 시조의 전통적 정형률을 엄격히 준수하여 파격을 일삼는 뭇 시조시인들에게 모범을 보여주고 있으며, 내용면에 있어서도 시조의 맛과 멋이 짙게 풍겨 나와 시조단의 창작 방향에 새로운 이정표를 제시해 주고 있다.

정산 시인의 작시적 역량으로 보아 앞으로도 시조의 명품진품을 많이 창작해낼 것으로 보이며, 문단활동도 크게 기대가 된다.

2016년 양춘가절에
문학박사 이광녕

임병웅 시조집, 『솟대 하나 세울까』 작품 평설

세월을 꿰뚫어 보는 예지와 인품의 향기

송향(松鄕) 임병웅(林丙雄) 시인은 보기 드문 이 시대의 올곧은 선비이다. 훌륭한 선비는 시서(詩書)를 겸비하고 있다 했는데, 송향 임시인은 시조단의 선두주자이며 서예가로도 유명하다. 이러한 면모는 그가 시조에 입문한 이래, 시조단에서 말없이 선공후사의 정신으로 봉사하여 주변에 인정을 받을 뿐만 아니라, 작품 면에 있어서도 시조대상을 수상하는 등 모든 이에게 주목을 받고, 또 글씨로도 서예협회 지부장과 고문 등을 맡아 주도적 역할을 하고 있는 것으로 확인할 수 있다.

송향 시인의 군자다운 선비적 스타일은 타고난 품성과 교육적 성장 환경이 어우러져 형성된 결과인 듯하다. 그는 유년시절 한학을 수학하였고, 고등학교 시절에는 문예부장을 맡아 문학적 재능을 발휘하였으며, 이어진 오랜 공직생활은 그의 문필생활에 크게 도움을 주었으리라 짐작된다.

일찍이 공자께서는 시 쓰는 일은 '불어괴력난신(不語怪力亂神)'이라 했는데, 송향 시인의 글에는 이상야릇한 귀매(鬼魅)나 야차(夜叉)가 없다. 즉 이단(異端)스러운 괴력난신이 없고 밝은 혜안으로 멀리 보며 건전하고 늘 푸르다. 현대시인들 중의 많은 문인들이 공연히 괴이하고 어렵게 써서 독자들에게 혼란을 야기시키고 현학적(衒學的) 태도를 내보여서 공감대를 얻지 못하고 있는데, 이러한 성향은 문학의 건전한 발전에 위해가 되고 있어 매우 바람직하지 못하다. '대악필이(大樂必易)'라 하였는데, 위대한 시는 반드시 알기 쉽게 써서 많은 이들의 공감대를 얻어 내야 한다.

전형적인 선비스타일인 송향 시인은 문단에서 만날 때마다 겸양의 미덕과 인품의 향기가 넘쳐난다. 그는 인생 경륜이 두텁고 시서를 두루 섭렵한 시인의 풍모를 지니고 있다. 그래서 그런지 매우 탁월한 필력을 지니고 있으며, 그 표현이 담백하고 진솔할 뿐만 아니라, 괴력이나 난신과는 거리가 멀어 독자들이 쉽게 접근할 수 있으며 호응도가 매우 높다.

1. 끈끈한 혈육의 정과 넘치는 인간미

필자는 '얼굴'의 어원을 '얼의 꼴'→ '얼꼴'→ '얼골'→ '얼굴'로 풀이한다. '얼굴'은 겉으로 드러난 '얼(넋, 정신)의 꼴'이다. 작가가 써낸 글도 겉으로 드러난 '얼의 꼴'이기에 글은 작가의 얼굴이다. 송향 시인은 사람을 대할 때 상당히 정겹고 진실성 있게 대한다. 그래서 그런지 그의 얼굴과 글에는 인연을 맺은 사람들과의 관계에 있어서 인정의 향기가 넘쳐흐른다. 부모 섬김과 부부 사이의 금슬, 그리고 자식 사랑과 친구간의 우정, 그 사이에서 보이지 않게 일어나는 '인정(人情)'에 그는 작시의 초점을 잘 맞춘다. 이러한 시인의 얼과 면모는 아마도 작가가 성장해 온 삼강오륜의 유교적 환경과 전통 계승의 정신과도 일맥상통할 것이다.

A

꽃잎처럼 마주보며 살아온 세월인데
못났던 자존심에 상처받진 않았는지
잔주름 깊어만 가니 그 모두가 내 탓인 듯.

당신은 나를 두고 죽을 수 없다지만
나 또한 당신 없다 상상도 못했는데
등 떠민 야속한 세월 어찌하면 좋겠소.

고왔던 풋처녀의 빛바랜 흑백사진
모진 세월 힘에 겨워 흰 머리 늘어가도
나에겐 시들지 않은 붉은 장미 한 송이.

—「붉은 장미 한 송이」 전문

B

빈자리 메워주고 부족하면 채워 주고
반세기 긴긴 나날 토닥이며 살았는데
물결에 깨어진 윤슬 초승달이 울고 간다.

이제사 눈을 뜨니 내 것은 하나 없고
부질없는 헛 팔매질 유수같이 세월만 가
끝까지 남는 내 것은 돌아보니 당신뿐.

—「내 반쪽」 전문

윗글 A와 B는 극진한 아내 사랑의 연가이다. 글 A에서는 늙어 가는 신세를 한탄하고 야속한 세월을 아쉬워하면서, 아내의 '고왔던 풋처녀의 빛바랜 흑백사진'을 보고 아내를 측은히 여기면서 '그래도 나에겐 당신이야말로 시들지 않는 장미꽃 한 송이'라고 멋지게 비유하면서 변치 않는 애정을 고백하고 있다.

글 B에서는 부부 일심동체(一心同體)의 정감이 더욱 도드라진다. 유수같이 흘러간 반세기 동안 다 헛된 것을 잡으려고 발버둥쳐 왔지만, 끝까지 남아 내 것이 되는 것은 오직 '당신뿐' 이라는 표현이 독자들에게 크게 감동을 준다. 부부간의 천생연분을 '비익조(比翼鳥) 연리지(連理枝)' 라 하였는데, 섬김의 부부애가 드러난 이러한 시를 대하면 '진실한 사랑' 의 실제 현주소를 찾아온 것 같아 흐뭇하다.

C

아들 딸 올라 치면 마음이 앞을 선다
무엇을 싸 보내나 먼저 찾는 어미 마음
올 추석 / 둥근 보름달 / 곱게도 싸 넣으셨네.

줄 거라곤 없을 듯한 간군(艱窘)한 살림살이
주섬주섬 보따리가 짐칸을 차고 넘어
종당엔 / 오장 육부도 / 다 내 주고 마는 모정.

–「모정」 전문

D

사랑의 질긴 끈을/ 끝끝내 놓지 못해
말 문턱 못 넘기고 / 눈물로 대신하신
어머님 못 다한 말씀 / 이제는 알 것 같아

당신의 깊은 속내 / 어찌 다 헤아릴까
아곡(我谷)님 백비보다 / 더 크신 자식 걱정
끝끝내 가슴에 묻어 / 저려오는 명치끝.

–「유언(遺言)」 전문

E

줘도 줘도 모자라고 / 안보면 보고 싶고
어디가 좋으냐면 / 그냥 그냥 좋은 사람
그리워 다시 꺼내는 / 앨범 같은 내 친구.

친구는 바람 같아 / 아픈 가슴 씻어주고
넓은 어깨 내어 주고 / 가슴 열어 품어 주고
끝끝내 가슴에 묻을 / 야국(野菊) 같은 내 친구.

－「친구야」 전문

윗글 C와 D는 모정, E는 우정에 관한 글들이다, 글 C는 추석 명절날 고향을 찾아온 자식을 위해 온 정성을 다하는 어머니의 사랑을 실감 있게 그려내었다. 특히 '올 추석 둥근 보름달 곱게도 싸 넣으셨네.' 라는 표현은 객관적 상관물을 끌어다가 모정의 표상으로 이미지화시킨 기교가 돋보이며, 어머니의 아낌없는 사랑을 제2수에서 '오장 육부' 도 다 내주고 만다는 표현도 비유가 좋다. 글 D에서도 어머니의 깊은 속정을 아곡(청백리 박수량의 호)의 백비보다도 더 깊고 크다고 칭송하였다. '사랑의 질긴 끈' 을 놓지 못하는 어머니의 깊은 사랑을 통감하는 서정적 자아의 마음을 '끝끝내 가슴에 묻어 저려오는 명치끝' 이라고 종결한 시인의 곡진한 표현이 참으로 인상적이다.

글 E에서는 우정의 극진함을 보여주고 있다. 나를 진정 알아주는 '지음(知音)의 벗' 하나만 있으면 인생은 성공한 것이나 다름없다 한다. 목숨까지 내어 줄 수 있는 막역한 사귐을 '문경지교(刎頸之交)' 라고 하는데, 이 글에서 아낌없이 다 내어주고 싶은 '그냥 그냥 좋은 그 친구' 는 문경지교의 경지와 다를 바 없다. 이 글은 표현하기 어려운 '우정'이란 주제를 아주 자연스러운 문체로 물 흐르듯 시상을 전개한 것으로 보아, 대인 관계에 있어서 송향 시인의 인품의 향기가 얼마나 향기로웠던가를 여실히 보여 주고 있다.

2. 향토 사랑과 그리움의 변주곡

임 시인은 충주 출생으로서 향토에 대한 사랑이 남다르다. 그의 시 「만수계곡」, 「수안보 벚꽃」, 「수안보 온천」, 「충주댐 연가」, 「삼등산」 등에서 나타난 바와 같이 향토사랑의 애정이 매우 극진하고 풋풋하다. 고교시절 문예부장을 지낸 임 시인은 충주의 아름다운 자연환경에서 감성을 받아 시인의 문학적 소양의 바탕이 되었음은 미루어 짐작할 수가 있다. 임 시인은 늘 푸르름을 추구하는 건전한 선비이지만, 문학적 소양과 감성이 풍부하기에 그만큼 그의 정서 한쪽 구석에는 늘 고독과 그리움이 자리 잡고 있다. 그러나 문학인의 입장에서 볼 때, 그것은 작가의 힘이요 시 창작 발전의 원천이 되었으리라 짐작된다.

A
구름 하나 데려와서 장대비 내리더니
충주댐 모두 안아 숨 가쁘게 토해내고
물안개 산허리 감아 산수화를 그렸네.

오가든 관광선은 비 피해 집에 들고
구름 머문 빈 하늘엔 해님이 오시더니
물안개 앉았던 자리 무지개를 피웠네.

—「충주댐 연가」 전문

B
쪽잠 잔 상현달이 / 댓돌 위에 실눈 뜨면
두고 온 추억들이 / 알알이 영글어서
피토한 두견새 사연 / 창가에서 맴도네.

눈 뜨면 간 데 없고 / 눈 감으면 찾아오는
정겹던 소꿉친구 / 끊긴 소식 막막 터니
눈 감아 달려온 얼굴 / 눈을 뜰 수 없어요.

–「향수」 전문

소위 '연가(戀歌)' 라고 하는 것은 애정이 있다는 말이다. 글 A에는 작가가 애정을 갖고 있는 충주댐의 우후 정경이 잘 묘사되어 있다. 물안개 자욱이 핀 정경이 여백의 미가 돋보이는 동양화를 연상하게 되고 물안개 사이로 내비친 무지개의 색조가 충주댐의 신비스런 모습을 더욱 떠올리게 한다.

글 A가 향토적인 자연을 대상으로 읊은 것이라면, 글 B는 특정한 향토적 인물을 대상으로 그리움을 그려낸 것이다. '피 토한 두견새 사연' 이라 함은 고향 동산에 흐드러지게 피어 있는 진달래꽃 사연을 의미할 것이다. 진달래꽃과 함께 떠오르는 어릴 적 소꿉친구와의 아름다운 추억, 정겨워 자꾸 그리워지는 소꿉친구는 눈 감아야 찾아온다. 눈을 뜨면 각박한 현실이 다가오기에, '눈을 뜰 수 없어요.' 라고 종결한 그 애절함과 진솔함이 큰 감동을 주며, 감성이 풍부한 시인의 시적 재능을 보여준다.

C
그리움 깊이만큼 하얗게 바랜 추억

그 때도 토닥비는 가슴을 적시었지
바닷가 은모래 밭에 철석이는 추억 하나.

가슴을 파고드는 허기진 그리움이
반야(半夜)의 별빛처럼 빨갛게 익어 가면
아슴히 떠오른 얼굴 가슴속에 잠듭니다.

-「해운대 엘레지」 전문

D
멈춰선 기억 속에 / 그리움 서성이고
하얗게 씻은 달빛 / 눈빛 더욱 차갑구나
석양이 머물던 자리 / 별빛 홀로 외롭다.

쌓이는 연륜 속에 / 세월의 그림자는
허공 열어 별을 따니 / 아련한 그리움들
아쉬움 한 점 남기고 / 쉼표 찍어 남는 밤.

-「고독」 전문

시인에게 있어 그리움과 고독은 작시의 재산목록 1호다. 그것은 인간의 존재의식의 문(사랑)으로부터 나온 것이기에 근원적이며 생태적이다.

글 C는 해운대에서의 추억을 떠올리고 그것을 감각적으로 그려낸 것이다. 토닥비 가슴을 적시는 날, 해운대 은모래 밭에 사랑의 밀어들을 새겨놓고 이별하여 '아슴히 떠오르는 얼굴', 그 얼굴과는 떨어져 있지만, 세월의 깊이만큼 쟁여져가는 슬픈 그리움은 지금도 가슴을 치고 있다.

인생이 너무 힘겨울 때, 사람은 때론 의욕을 잃고 멀거니 넋을 잃고 망연자실 할 때가 있다. 주변 환경으로부터 감당하기 힘든 극심한 정신적 충격을 받았을 땐 소위 멘탈 붕괴 현상에 빠질 때도 있다. 그럴 때 의지가 약한 인물은 자포자기에 들어가고 긍정적인 사고를 지난 인물은 재기의 지팡이를 짚고 다시 일어선다.

글 D에서의 서정적 자아는 이러한 심리적 정황 속에서 허공 열어 별을 따려는 고독한 몸부림의 주인공임을 읽어낼 수가 있다. 이러한 시적 감성은 윤동주(尹東柱)의 '오늘밤에도 별이 바람에 스치운다'의 고독한 애련함과 흡사하다. 이 글에서 외로운 별빛은 고독한 시인의 감정이 이입된 상징물이다. 시인은 진정한 고독을 체험해야 좋은 시를 낳는다. 쌓이는 연륜 속에 아쉬움과 서러움이 교차되는 만년의 인생! 시인은 잠시 머물며 스스로 위안하며, 고독의 가슴띠를 두르고 조용히 외로운 별빛이 영롱히 빛나기를 고대하고 있다.

3. 무욕(無慾)의 선비정신과 초월적 인생관

노자의 도덕경에 '위학일익 위도일손(爲學日益 爲道日損)'이란 말이 있다. '학문을 하는 것은 날마다 유익을 더하는 일이요, 도를 닦는 것은 날마다 덜어내는 것'이라는 뜻이다. 송향 시인의 행보는 늘 선비 정신에 바탕을 두고 있기에 그 작품 세계는 이 무욕의 '버림의 미학'이 근간을 이루어 전체 작품의 중심 사상을 관류하고 있다.

달인대관(達人大觀)의 풍모를 지니고 늘 안분지족(安分知足)의 올곧은 길을 추구하기에 그의 작품 세계에는 자아를 성찰하는 기회가 많은 대신, 욕심이 없고 진실성이 매우 짙다.

A

비우고 내려놓자 / 그러면 편한 것을

수 없이 되뇌인 말 / 곰삭은 줄 알았더니
거울 속 비친 내 모습 / 변함없는 부끄럼.

그 옛날 지척인데 / 살같이 빠른 세월
아린 추억 숨겼건만 / 느는 주름 어이 할고
아직도 갈 길이 먼데 / 헤매이고 있구나.

– 「자화상」 전문

B

힘들고 괴로워도 세월은 절로 가고
천수(天壽)를 다한대도 지나보면 찰나인데
백 살도 못사는 인생 천년학(千年鶴)을 꿈꾼다.

호수에 내려 앉아 얼굴 씻는 하얀 달빛
기러기 날개 짓에 가는 세월 더욱 시려
한 조각남은 인생이 흘러가는 구름 같다.

– 「인생」 전문

글 A를 읽으면, 법정스님의 무소유(無所有) 개념을 노경에 이르기까지 온전히 실천하지 못하고 갈피를 못 잡고 헤매는 자아를 부끄럽게 여기는 심경이 잘 드러나 있다. 또, 글 B에는 천년만년 살 것같이 허황된 욕심을 끌어안고 살아가는 구름 같은 인생을 한탄하면서 무상감을 느끼는 현실적 자아를 되돌아보고 있다.

소위 '탄로가(嘆老歌)'를 연상케 되는 이러한 글들에서는 작가의 인생관과 세계관, 그리고 내면에 충일한 소망의 정점과 만나게 된다. 특히 「자화상」에서는 안분지족(安分知足)의 삶에 대한 소망의식과 더불어 그것을 실현하지 못하고 헛되이 늙어가는 것에 대한 회한과 탄로의 변이 절절하다. 그리고 「인생」에서도 '호수에 내려 앉아 얼굴 씻는 하얀 달빛'이 덧없이 늙어 백발이 된 현실적 자아를, '기러기 날개 짓에 가는 세월 더욱 시려'는 허우적거리며 외롭게 살아온 자아의 힘겨운 모습을 상징적으로 그려내고 있어, 더욱 문학성이 짙고 감명 깊다.

C

비바람 긴긴 세월 풍상에 시달려도
묵묵히 인고하며 시린 세월 살아온 건
보아도 보지 않은 척 묻어가며 살라는 뜻.

억겁의 사연들을 호연히 가슴 안고
오늘도 의연하게 가부좌해 사는 것은
남 허물 덮어 가면서 참고 살란 뜻일 게다.

– 「바위」 전문

D

삿갓 쓰고 하늘 가려 단죄하며 사신 생애
방방곡곡 방랑의 길 거침없이 사시더니
하늘 문 활짝 여시고 혼을 묻고 가셨네.

가시는 골골마다 풍자 해학 넘쳐 나고
민초의 한 설움 엮어 양반님들 희롱하며
한 평생 흰 구름 되어 바람처럼 사셨네.

– 「김삿갓 문학관」 전문

일찍이 윤선도(尹善道)는 「오우가」에서 '바위'의 변치 않는 덕을 칭송한 적이 있다. 전형적인 선비 스타일인 임 시인은 글 C에서, 바위처럼 억겁의 사연들을 호연히 가슴에 품고 남의 허물을 덮어가면서 의연히 살아가는 군자의 덕을 지향하고 있다. 그런 심정이기에 글 D에서는, 구름처럼 바람처럼 한 세월을 풍미한 김삿갓의 발자취를 흠모하며 초월적 자세를 견지하고 있다. 바위는 자연이고 김삿갓은 인간이다. 시조의 제재로 등장한 이 두 대상은 자연과 인간의 합일이고 그 뜻하는 바는 언제나 변치 않는 의연한 삶과 구름처럼 바람처럼 무욕의 경지에서 순리대로 살아보고자 하는 물심일여(物心一如) 물아일체(物我一體)의 초월적 인생관이다.

이러한 글들은 작가로서의 인품과 성향을 달관의 경지로 물 흐르듯 표현하면서 삶의 방향을 제시해 주고 있어 퍽 교훈적이다.

4. 삶의 회한과 후회 없는 삶의 추구

삶의 존엄성과 인생의 품격은 스스로 찾아 정립해 놓아야 한다. 죽음은 삶의 완성이기 때문에 아름다운 꿈은 아름다운 최후를 낳는다. 임 시인은 남달리 삶에 대한 회한과 성찰의 시편들이 많다. 이러한 성향은 지난 일을 돌이켜보고 한 발짝 더 나은 곳으로 전진하고자 하는 임 시인만의 건전한 삶의 철학에서부터 비롯된 것이리라.

시인은 아름다운 시상을 통하여 '회상' 하고 '참회' 하고 '종심' 을 돌아보고 '독야청송' 의 의지를 불태우고 있다.

A

금준미주(金樽美酒) 소용없고 / 금상첨화(錦上添花) 부질없네
꿈을 먹던 세월 흘러 / 추억 먹고 사는 나이
켜켜이 / 쌓이는 회한 / 달빛처럼 익는다.

– 「종심(從心)」 전문

B

촉수로 더듬어간 / 빛바랜 고운 추억
달빛에 곱게 말린 / 애잔한 기억들이
아슴히 가슴 져며 와 /돌아눕는 하얀 밤.

해와 달 뜨고 지고 / 그렇게 한세월을
행간에 여백 없이 / 어느새 노을 들어
내게도 화양연화(花樣年華)가 있었던가 싶구나.

– 「회상(回想)」 전문

C

가난한 마음 한 점 / 바람결에 내려놓고
적수(赤手)로 허세부린 / 헛삽질 부끄러워
다독여 재운 세월이 / 노을 되어 서성이고.

버려진 세월 앞에 / 참회하는 하얀 마음
큰 소리 쳐보지만 / 메아린 오지 않고
어쩌랴 텅 빈 하늘엔 / 별똥별만 지는 것을.

– 「참회(懺悔)」 전문

작가는 글 A에서 추억을 먹고 사는 나이 종심(從心)에 들어서 부귀영화가 다 부질없음을 깨닫고 인생의 켜켜이 쌓인 회한만이 달빛처럼 익는다고 토로한다. 이러한 글들의 눈가늠은 모두 현재의 위치에서 과거를 돌아보고 회상한 시점이다. 글 B에서는 빛바랜 추억을 간직한 세월 속에 자신의 모습을 투영해 보고, 어느새 노경에 들어서 무상감을 느끼는 자신에게도 '화양연화'(花樣年華: 인생에서 가장 아름답고 행복한 순간)의 꽃시절이 있었던가를 회한의 눈길로 돌아보고 있다. 글 C 역시 적수(赤手)로 허세부린 헛삽질을 부끄러워하며 버려진 세월 앞에 참회하는 자아의 모습을 처연히 그려내고 있다.

지나간 세월을 돌이켜 보며 무상감을 토로한 시상들이지만, 시상의 전개가 물 흐르듯 원만하고 진솔하며 보다 더 나은 미래를 추구하려는 작가의 소망이 내면에 조용하게 흐르고 있어 잔잔한 감동을 준다.

D

흩날린 솔씨 하나 / 바위틈에 잘못 앉아
긴 세월 숙명처럼 / 인고로 삭인 세월
그 아픔 아린 속내를 / 어느 누가 가늠하랴.

삭풍에 흔들리고 / 폭풍우에 시달려도
가지는 내 줄망정 / 편한 자리 넘보잔코
꿋꿋이 사는 네 모습 /세한도를 넘는다.

– 「독야청송(獨也靑松)」 전문

임 시인의 아호는 '송향(松鄕)' 이다. 글 D에서는 소나무의 푸르름과 그 기개를 흠모하면서 닮아가고자 하는 임시인의 인품을 추론해 볼 수가 있다. 이 글은 바위틈에 억척같이 뚫고 솟아 앉은 청송을 보고 그 꿋꿋한 의지와 기개를 칭송한 내용이다. 시어로 선택된 제재는 독야청청(獨也靑靑)한 모습의 '독야청송(獨也靑松)' 이다. 긴 세월 숙명처럼 세월을 삭이고 갖은 설한풍 겪어 내며 꿋꿋하게 버티고 서 있는 청송(靑松)은 아마도 송향(松鄕) 시인 자신의 자화상일 것이다. 객관적 상관물에 자신의 시심을 투영하여 언제 어디서나 늘 푸르게 꿋꿋하게 살아가고자 하는 작가의 심미안이 반짝반짝 빛난다.

5. '새봄'에 대한 희원과 정의 구현을 위한 풍자

시인은 꿈을 먹고 자라며 사물에 의미를 부여해 주고, 복음(福音)을 전하는 전령사이다. 시인이 붓을 들면 나무가 말을 걸어오고 돌멩이에 피가 돌고, 죽었던 나뭇가지에 꽃이 핀다. 시인은 언어라는 도구로 사회를 변화시키는 언어의 조련사이기 때문에 온전한 사상의 바탕 위에서 나오는 시인의 간절한 서원(誓願)은 하나의 밀알이 되어 주변을 밝히고 소망의 꽃을 피우는 값진 복음이 된다.

임 시인의 '새봄'은 얼어붙은 이 땅이 기지개를 펴고 너와 내가 하나 되어 통일의 꽃이 활짝 피는 그날이다. 항상 건전한 미래를 꿈꾸는 토종 선비 임시인은 암울한 조국의 현실 앞에서 진정한 봄꽃의 향연이 그리워, 소망의 꽃을 피우기 위한 하나의 복음(福音)으로서 통일을 노래하고 있다.

A

입춘(立春) 우수(雨水) 지났는데 대동강(大同江)은 풀리잖고
핵실험도 모자랐나 테러까지 시켰다니
영산(靈山)의 참았던 분노 몰려오는 먹구름.

철부지 불장난에 왔던 봄 돌아가고
제 지표 적신호에 청년 실업 는다지만
새벽 닭 울지 않아도 새벽은 밝아온다.

– 「춘래불사춘(春來不似春)」 전문

B

찢기고 아린 세월 어느새 칠십 여년
이별이 그리 길지 어림이나 했었겠나

쪼개진 분단의 아픔 저려오는 명치 끝

한숨과 피눈물로 삭히며 보낸 세월
안부도 못다 물은 혈육의 짧은 만남
긴 한숨 다시 남기고 돌아서는 눈물 자국

이별이 너무 길어 오는 길 잊으셨나
간절한 소원 담은 마중물 보내오니
이제는 머뭇치 말고 지름길로 오소서.

－「통일」 전문

글 A에서는 아직까지 풀리지 않는 동토의 땅, 북녘땅을 안타까워하면서 '춘래불사춘(春來不似春)', 또다시 봄은 왔건만 이 땅에 진정한 봄은 오지 않았음을 안타까워하고 있다. 이 땅에서의 '진정한 봄'이란 무엇인가? 남북이 통일되어 삼천리 강산이 드디어 기지개를 활짝 켜고 일어서고 죽었던 산천초목에 꽃이 피는 그런 화평한 날이 아니던가. 시인은 글 B에서도 칠십여 년 동안 갈라진 분단과 이산의 아픔을 애절하게 표현하면서 이 땅의 서글픈 현실을 토로하였다.

그러나, 아무리 냉혹하고 암울한 현실이라도 송향 시인의 시심만은 늘 희망적이고 푸르르다, 글 A에서는 '새벽 닭 울지 않아도 새벽은 밝아온다'라고 예감하고 있으며, 글 B에서도 '간절한 소원 담은 마중물 보내오니 머뭇치 말고 지름길로 오소서'라고 긍정적인 희망의 메시지를 전달하고 있다. 비록 어두운 조국의 현실 앞에서이지만, 그의 붓끝은 행복의 전령사처럼 '지름길'로 달려오는 통일의 밝은 그날을 복음으로 전하고 있어 상당히 고무적이고 의미가 깊다.

임 시인은 이밖에도, 「통일연원」, 「충언(忠言」, 「이산가족의 슬픔」, 「통일」, 「염원」 등 많은 부분에 걸쳐 조국 통일의 염원을 노래하고 있다.

C

시공(時空)을 멈춰 세운 / 청학동 댕기 머리
문명의 질긴 유혹 / 비킬 수 없었던지
총각들 / 조끼 주머니 / 숨어있는 스마트 폰

– 「청학동 총각」 전문

D

눈 속인 얇은 상혼 막무가내 비싼 가격
특가 세일 사고서도 마음이 편치 못해
거품 뺀 착한 가격으로 욕심부터 세일하소.

– 「특가세일」 전 3수 중 제 3연

E

세월호 희생자의 명복을 빌어주고
못다 핀 꽃 봉우리 무사 생환 기원하는
노오란 / 샛노란 리본 / 가슴마다 피었네.

제 부모 가셨을 땐 상장(喪章) 달기 인색터니
세월호 노란 리본 지성으로 달고 다녀
숭고한 / 국민의 뜻이 / 훼손될까 두렵소.

국민을 하늘 같이 받들겠단 한량님네
훈장처럼 달고 계신 가슴에 노란 리본
이제는 / 그만 떼시고 / 나라 걱정 하소서.

– 「노란리본」 전문

일찍이 공자는 '사무사(思無邪)'를 강조했고, 맹자는 '적자지심(赤子之心)'을 강조하였다. 시에서 뿐만이 아니라 인간의 삶에 있어서 이러한 진솔하고도 순수한 사고와 생활의 패턴은 우리 사회를 밝고 맑게 만든다. 그러나 우리가 사는 세상은 그렇지 못하고 인간의 욕심과 탐심으로 요지경 속이다. 이 시대의 진정한 선비, 임 시인은 이러한 오염된 현실을 한탄하면서 사불범정(邪不犯正)의 예봉을 휘둘러 그들을 바른 길로 안내하며 질타하고 있다.

글 C에서는 선비는 선비다워야 하는데, 시공을 멈춰 세운 청학동의 예비 선비 총각들마저도 수행 전념보다는 물질문명의 소산인 스마트폰만을 만지작거리며 그것에 몰입되어 있어, 얼이 빠진 모습의 현실을 안타까워하고 있다. 글 D는 '특가세일'이라는 얄팍한 상술로 양심을 속이는 상혼을 꼬집었으며, 글 E에서는 진정한 국민의 뜻은 외면한 채, 세월호 사건을 빌미로 그것을 사리사욕과 당리당략에 이용하려는 정치 후안무치(厚顔無恥)들을 질타하고 우국지심을 드러내었다.

임 시인은 우리 사회의 정의 구현을 위한 진정한 사도(使徒)요 우국지사(憂國之士)이다. 이러한 현실 고발의 내용들은 이밖에도 「망녕(忘年)」, 「고질병」, 「철새」, 「기도」, 「죄와벌」, 「투사(鬪士)」 등이 있는데, 직설적 공개적으로 기술하여 경각심을 주는 것도 있지만, 원비이불란(怨誹而不亂)의 가르침을 고려하여 대개는 '풍간(諷諫)'의 기법을 취한 것이 많다.

6. 개성적인 세미한 관찰과 관조의 세계

시인은 담장 너머 갖고 싶은 것만을 훔쳐온다. 이것저것 주섬주섬 다 갖고 오는 게 아니다. 시인의 눈썰미는 일반인과 달라서 볼 것은 안 보고 안볼 것은 유심히 들여다본다. 특별히 개성적인 안목과 생각이 시상전개의 주체를 이루기 때문에 사물을 들여다보되 남들이 못 보는 것, 내다버린 하찮은 것에 관심을 둔다. 임 시인의 이목구비는 평범한 사물에서 독특한 감각을 유출해 내며, 이것을 시화하는데 그 필력 또한 범상치 않다.

A
오롯한 하루해가 / 서산에 걸칠 때면
성급한 조각달은 / 먼저와 서성이고
등 굽은 늙은 소나무 / 지는 해를 괴고 있다

—「석경(夕景)」 전문

B
속내를 감춘 향이 겉보기완 딴판이다
못생겨 한여름을 얼굴 묻고 살더니만
예쁘게 익어간 감귤 견줄 바가 아니다.

장미꽃 곱다 해도 비수를 품고 있고
해바라기 해를 따라 추파를 보내건만
못생긴 모과 향내는 생긴 대로 그냥 논다.

깊은 속 익을 때쯤 쪽빛 하늘 이고 서서
노랗게 제 몸 태워 흔들리며 살더니만
세월을 내려놓고선 더욱 향내 깊어라.

—「모과향」 전문

글 A는 시상 전개의 언술기법 상 묘사가 뛰어나다. 이 글에서 '등 굽은 늙은 소나무'는 무엇을 상징하고 있을까? 아마도 세월의 무상감을 느끼며 지는 해를 아쉬워하는 이 글의 서정적 자아를 암유하고 있을 것이다. 「석경(夕景)」이라는 제목이 말해 주듯, 살 같이 흘러간 세월 앞에 삶의 일상에 지치고 나이 들어 등 굽은, 서정적 자아의 모습을 '늙은 소나무' 에 비유하면서 감정이입수법의 단수의 시조로 시상을 마무리 한 것이 인상적이다.

글 B의 「모과향」은 아무런 가식이나 꾸밈없이 '생긴 대로 그냥' 드러내는 모과의 참 아름다운 향기를 여타의 다른 꽃들과 비교하면서 그 깊은 뜻을 찬미한 글이다. 속내를 감추고 있는 모과의 순수하고도 깊은 향! 그것은 온갖 가식과 술수로 세상을 어지럽히는 뭇 군상들에게 참 아름다움이 무엇인지 잔잔한 교훈을 던져주고 있다.

C

가슴에 묻은 그 님 / 차마 어찌 잊으리오
먹 새벽 분 바르고 / 실바람에 가슴 여는
이룰 수 없었던 사랑 / 곧추세운 자존심.

오는 듯 떠나버린 / 허망한 영혼이여
순백의 짙은 사랑 / 곱게도 접으시고
뚝 뚝 뚝 떨어진 눈물 / 한이 되어 쌓이네.

–「백목련」 전문

D

맘씨 좋은 허수아비 / 용케도 알아보고
모자 위에 올라 앉은 / 간이 큰 참새떼들
수수밭 한가운데서 / 잔치 잔치 벌였네.

망중한 즐기려던 / 수수밭 허수아비

참새 손님 깜짝 방문 / 두 팔 벌려 맞이하고
주인님 오시기 전에 / 빨리 먹고 가라하네.

-「허수아비」 전문

글 C를 읽으면 순백의 짙은 사랑, 그리고 그에 따른 슬픈 사연의 정한(情恨)을 안고 고고(孤高)한 삶을 이어가고 있는 한 여인상을 그려볼 수 있다. '가슴에 묻은 그님'이나 '떠나버린 허망한 영혼'은 백목련의 '순백의 짙은 사랑'이미지와 결합되면서 시상의 전개를 이루다가, '뚝 뚝 뚝 떨어진 눈물'로 종결되면서 시상의 극점에 이르게 된다. 구슬이 서 말이라도 꿰어야 보배다. 눈앞에 전개된 멋진 소재를 보고 그것을 글로 써서 표현하지 못한다면 그것이 무슨 소용이 있단 말인가? 위의 「백목련」과 같은 임 시인의 시적 안목은 객관적 상관물에서 느끼는 내면적 감성을 어떻게 의인법으로 효과적으로 형상화시키느냐 하는 작시법에 좋은 본보기를 보여주고 있다.

글 D에 나타난 '허수아비'의 이미지는 묘한 함축미에 시적 의미를 더해 준다. 넉넉하고 푸근한 인심, '허수-아비' 신세로서 알뜰한 부인에게 늘 혼나기만 하는 허술한 아재비, 세상 명리(名利)를 초월한 속정 깊은 달인(達人) 등은 그에 포함된 이미지들이다. 노자의 도덕경에 '성인무상심(聖人無常心)'이란 말이 있는데, 성인(聖人)은 항상 변하지 않는 절대적인 마음, 즉 '상심(常心)'이 없어야 한다는 뜻이다. 때에 따라서는 고집과 아집을 버리고 나를 헐어 관용과 너그러움으로 대처할 줄 알아야 한다. 이 글에서 허수아비의 이미지는 그런 의미에서 독자들에게 신선한 교훈을 주고 있다. 가난한 사람들을 위하여 일부러 이삭을 남긴다는 성경의 말씀과 같이, '허수아비'라는 독특한 소재를 차용하여 넉넉한 인심의 다리를 놓아준 작가의 심미안이 가을 햇살처럼 반짝반짝 빛나는 시조이다.

지금까지 송향 임병웅 시인의 작품 세계를 크게 영역별로 나누어 살펴보았다.

임 시인의 작품 세계는 전체적으로 그의 농축된 인생 경륜이 숙성되어 만들어낸 결정체요 깨달음의 결과물이다. 그는 인품이 돈후하고 전형적인 선비스타일이기 때문에 그의 작품은 매우 건전하고 색깔이 밝을 뿐만 아니라, 계세적이며 의미심장한 내용들이 많다. 이러한 현상은 그가 지나쳐온 삶의 체험이 폭넓고, 늘 올곧은 길만을 추구해온 결과 때문이리라.

임 시인은 문학적 소양과 감성이 매우 뛰어난 문사이면서 건전한 미래를 꿈꾸는 토종 선비이다. 그의 글들은 어두운 우리 주변에 밝은 빛을 던져주는 하나의 복음(福音)의 역할을 하고 있다. 이번에 출간되는 시조집 『솟대 하나 세울까』는 이런 의미에서 매우 소중한 의미를 담고 있다.

이 한 권의 책이 많은 사람들의 심금을 울려서 메마른 가슴을 촉촉이 적셔주고 인생의 지침서가 되어서 우리 주변을 더욱 밝게 인도할 것으로 믿는다.

2016년 4월 15일

번득이는 재치와 수사(修辭)의 언어 조련사

조국성(본명 조성국)님은 일찍이 자유시로 등단하여 『늑대 불알은 싱겁다』, 『물의 사리』, 『물방울 배심원』, 『로마의 자비』 등 4권의 시집을 낸 바 있다. 조시인님은 최근 들어 자유시와는 달리 은근히 풍겨 나오는 우리 전통시조의 맛과 멋을 감지하고 시조 습작을 해 오다가 필자를 만나고부터 본격적으로 시조습작에 전념하여 금년도에는 시조전문지 『시조사랑』으로 등단한 바 있다.

작가로서의 조시인님의 시적 품격은 여러 면에서 그 독특성이 잘 드러나고 있다. 그중 특히 백미로 꼽힐 수 있는 부분은 시의 소재를 다루는 솜씨가 남다르고 탁월한데, 소위 '낯설게 하기'와 '뒤틀기', 그리고 남이 못 보는 것을 들여다보는 작가로서의 안목과 식견이 출중하다.

이번에 발간되는 시집 『아직도 배고프다』는 이러한 작가의 성향과 감성이 결집된 그의 얼굴이며 거울이다.

시는 잡힐 듯 잡히지 않고, 평범한 것 같은데도 평범치 않은 것들을 잡아 낚아채는 재주가 필요하다. 이런 면에서 조시인님은 귀재다. 천진난만한 눈을 가진 소년의 손길이 풀잎 끝에 앉아 있는 고추잠자리를 한 순간에 낚아채듯, 소위 '포시법(捕詩法)'에 능하다. 조시인님의 작품 세계는 시적 소재가 다양하고 창작 기법도 남들이 하는 것처럼 평범하지 않고 고도로 개성화 · 특성화되어 있다. 그동안 창작한 작품수가 방대하지만, 그중에서 표현 기법과 효용적 가치면이 두드러진 작품들을 중심으로 그의 작품 세계를 들여다본다.

1. 토종 근성과 정체성으로의 귀환

일찍이 자유시로 등단한 바 있는 조시인은 만년에 우리 고유 정서의 고향집, 시조문학을 찾았다. 고향집에 찾아와 보니 혈육들이 기다리며 반가이 맞이하였고 그는 토종인으로서의 맛과 멋에 흠뻑 취해 저절로 시가 나오고 저절로 풍류가 흘러나온다. 그는 이번 시조집을 내면서 특이하게도 권두언을 권두시조로 장식하면서 시조 작가로서의 면모를 드러내었다.

A

일찍이 지어놓은 시크름한 서양음식
천천히 입에 넣고 깨작개작 맛볼 때
한배검 말씀이시다
우리 것이 맛있어.

알뜰히 맛을 보며 요리조리 비벼본다
때마다 군침 도는 감칠맛이 일품이라
손님들 맛을 보고서
우리 것이 최고여.

조국성 시조집에 한번 와서 맛보시라

대대로 전해오는 우리만의 고유 음식
맛있다 최고다 할 때
조국성은 빛난다.

–「조국성 시조집」 전문

B

조용한 마당가에 찬 서리가 소슬하다
성급한 가을바람 단풍잎과 작별할 때
국화꽃 향기 그윽한 초겨울을 맞는다.

조숙한 가을햇볕 온기를 잃어 가는데
국화만 오상고절 자랑스럽게 피었다
성성한 머리칼 위로 반짝이는 조국성.

–「조성국=조국성」 전문

글 A는 3연으로 된 연시조로서 우선 형식면에서 전체적인 음수율도 정격을 잘 준수하였다. '대대로 전해 오는 우리만의 고유 음식' 시조는 감칠맛이 일품이며, 그것을 곱게 담아 우리 고유의 문학적 향기를 한껏 내뿜는 그의 시조집 탄생은 독자들에게 맛깔스러운 감동의 기회를 제공할 것이라는 권두시이다. 보통 권두언으로 쓰이는 '시인의 말' 대신에 이러한 '권두시조'를 내세움으로써 그의 작품 성향이 범상치 않음을 예고하고 있다.

글 B는 조시인의 이름자 풀이다. 그의 본명은 '조성국'인데, 시단에 동명이인이 여럿 있어 필명을 '조국성'으로 지었단다. 그는 작품 「내 이름 조성국」을 통하여 성씨는 욕이 되고 이름자 '나라를 이룬다'는 반역이 되니, 목숨만 부지한 것도 다행이라고 술회하면서, '조국성'으로 필명을 하니 '밤하늘 반딧불처럼 반짝이는 별'이라며 밝고도 긍정적인 생각으로 안위하고 있다.

이러한 면들은 전통성과 시인으로서의 정체성을 찾아가고자 하는 조시인만의 성숙된 심성과 독특한 성향을 알 수 있게 해준다. '가장 한국적인 것이 세계적이다' 라는 말이 무색할 정도로 아직까지도 멋모르고 외풍에만 젖어 자유시만을 쓰고 있는 작가들과 바탕도 모르고 겉 멋 만을 추구하는 많은 인사들에게 깨우침을 주며 경종을 울리고 있다.

C

구름의 발원으로 태어나는 물방울들
성불할 일념으로 오체투지 삼보일배
멀고먼 고행 길에서
진신사리 찾는다.

법문이 출렁이는 곰소항의 소금밭에
내소사 독경소리 은은하게 스며들 때
검푸른 밀물에 씻어
젖은 속세 지운다.

육탈된 순백사리 소금으로 염장하고
세상의 소금되자 짭짤히 보시하면서
곰소는 물의 사리로
반짝반짝 빛난다.

-「곰소는 물의 사리」 전문

이 글은 시상의 전개가 부드럽고 내용도 의미가 깊어 순백 소금처럼 반짝반짝 빛나는 수준 높은 작품이다. 멀고먼 고행 길에 진신사리를 찾는다며 인근 내소사의 독경소리와 연계하여 곰소 염전의 소금을 '육탈된 순백사리'로 비유한 것이 순수한 신선감을 준다.

이 글에서 어쩌면 곰소항의 소금밭은 작가가 그리워하는 정토이거나 이상향일 수도 있다. 번뇌스럽고 복잡한 세속을 벗어나 자아의 정체성을 찾아 본향으로 돌아가고자 하는 작가의 염원과 귀소본능(歸巢本能)의 순수미학이 돋보이는 작품이다.

2. 가족 사랑과 지극한 효심

철이 들면 효심이 돋아나고 나이 들면 누구든지 어린애가 된다고 한다. 철이 든다는 건 자신의 본분을 알아차린다는 이야기고, 어린애가 된다는 건 어른스러움을 잃어서 그만큼 순수해진다는 뜻이니 어찌 보면 둘 다 좋은 현상이라 볼 수 있다.

조시인의 작품 세계는 매우 폭넓고 광대하다. 드넓은 외부 세계에 대한 관찰과 가치 판단의 예리한 안목이 작품의 전 영역에 걸쳐 넘나든다. 그러나 그가 시각의 조리개를 좁혀 가족에 대한 애정과 효심을 드러낸 시심 또한 여러 군데서 반짝반짝 빛나고 있다.

A

김인 듯 안개인 듯 아마득한 그 옛적
길동무 나를 만나 반세기가 지나면서
순박한 시골아가씨 할머니가 되었네.

김여사 계당선생 신사임당 닮고파서
길고도 짧은 세월 틈틈이 닦은 붓은
순백의 화선지에다 수묵화를 그리네.

김매듯 자식 가꿔 삼 박사 꽃피우고
길잡이 손을 잡고 순리를 따르면서
순풍에 돛을 달고서 손자 보러 가자네.

–「김길순 여사, 금혼식에 부쳐」 전문

B
돌주먹 얻어맞고 앞이마가 찢어졌다
주먹은 몸을 여는 만능열쇠 분명하다
상처는 열려 있는 창 닫히면 흉터다

칼로도 벨 수 없는 사랑이 잘라졌다
상처 중 가장 큰 상처는 아내의 죽음
상처로 스며든 바람 옆구리가 시리다

조개의 상처에선 천연진주 만드는데
내 상천 뭘 만들어 후세까지 전할까
조개의 흉터는 진주, 아들딸이 진주다

–「흉터」 전문

윗글 A는 성명 세 글자를 차용한 이름풀이 시조인데, 금혼식을 맞이하여 부인에 대한 애틋한 정과 사랑을 재치 있게 표현해 놓았다. 이름자 풀이 시조는 당사자에게는 더없이 귀한 선물이 된다. 그리고 글 B는 '상처(傷處)'와 '상처(喪妻)'의 동음이의(同音異義)를 이용하여 부인을 잃은 상처 받은 인생의 한을, 사랑의 산물인 '진주'에 비유하여 감명 깊게 그려 내었다.

문학은 하나의 사치스런 예술로서의 가치만이 있는 것은 아니다. 작가는 문학이라는 수단을 통하여 자기 내면의 문제를 다루고 그것을 수술대에 올려 잘라내고 다듬고 때론 정화시킴으로써 위안을 받고 소위 '문학 치료'의 심리효과까지 누릴 수 있다.

문학은 상처를 꿰매주는 봉합도구다. 이 시조들은 평생 동반자 부인에 대한 애틋한 사랑과 정을, 이름자 풀이와 적절한 비유로 매우 정감 있게 표현하여 독자들에게 큰 감동을 준다.

C

대전천 목척교로 흘러가는 칼바람이
살점을 도려내고 뼛속까지 파고든다
모성의 뜨거운 피가 동장군과 맞선다.

꿈꾸듯 앉아있는 등신불이 된 어머니
팔 것은 그대론데 땅거미가 덮쳐온다
오로지 자식 생각에 피로마저 쫓았다.

숙명을 마다 않고 모성애로 승화하여
내 안에 나는 없다 당신 몸을 내놓고
성스런 순교자처럼 자식 위해 바친다.

–「어머니의 기도」 전문

D

눈 오는 설날 아침 / 엄니 산소 찾아간다
얼마나 보고픈지 / 눈물 설설 앞장선다
엄니는 나 올 줄 알고 / 백설기 차려놨다.

소복에 하얀 수건 / 설날 미사 올리다가
눈길에 걸어온 날 / 반겨주는 엄니 눈길
눈물에 녹은 눈구멍 / 해골처럼 해괴하다.

–「설날 아침에」 전문

누구든지 '어머니' 하면 가슴 찡한 모성 본향으로 돌아가겠지만, 작품상에 나타난 조시인의 효성은 남다르며 지극하기 이를 데 없다. 작품 곳곳에 어머니에 대한 그리움과 효심이 포진하고 있으니, 이번의 시조집도 간절한 반포지효(反哺之孝)의 몸짓일 터이다.

글 C 「어머니의 기도」에서는 어머니의 희생정신과 모성 본능, 그리고 자식 사랑을 '순교자'에 비유하며 매우 실감 있게 그려내어 감동을 준다. 글 D는 설날 아침 성묘하러 갔을 때, 눈 쌓인 모습을 어머니가 기다리며 차려놓은 '백설기'에 비유하면서 눈물로 재회하는 장면을 인상 깊게 그려놓았다. 어머니를 만나 흘린 눈물이 얼마나 곡진하기에 눈물에 녹은 눈구멍이 유골을 닮았다는 것일까?

이 밖에도 극진한 효심이 드러난 글들은 「성묘」, 「마을의 보호수」, 「지구」, 「제삿날」등 작품 곳곳에 포진하고 있다.

3. 번득이는 재치와 문자 시학(文字詩學)의 묘미

조시인은 시어 운용의 묘미를 깨달아 터득한 문인이다.

조시인의 글을 처음 대하는 이들은 그의 독특한 시상전개 기법에 크게 주목을 하는데 이는 그런 이유 때문이다. 그는 글의 소재에서 느끼는 시상을 일반적인 서술이나 묘사기법에 의존하지 않고, 자기 나름대로의 재치 있는 대용 문자나 희화화된 상징 기법으로 시상을 전개해 나간다. 이러한 시상 전개 기법의 독특한 운용으로 그의 시조는 톡톡 튀며 그 색채가 진하고 남다르다.

A

임자는 어디 가고 홀로 남은 나대지
봄비에 젖은 알몸 밤새 젖어 축축하다

먼동이 트기 바쁘게 / 찾아드는 헛기침.

어물쩍 말뚝 박고 줄을 띄워 소유한다
우거진 풀을 매고 속흙까지 더듬으며
벌겋게 녹슨 호미로 / 묵은 씨앗 심는다.

풍만한 나대지의 긴 이랑을 타고앉아
곁에서 늘그막을 지켜줄 늦둥이 하나
정성껏 씨받이하며 / 몸을 푸는 나대지.

–「나대지」 전문

B
고추가 풍년이라 불만스런 할미 심통
벌겋게 발기한 놈 건조기에 구워낸다
아무리 크면 무얼 해 매워야만 고추지.

할미는 병든 고추 수술대에 올려놓고
가위로 발기발기 따끔한 맛 보여준다
고추는 노란 씨앗을 말아 안고 뒹군다.

꼿꼿한 태양초는 매운 호기 뽐내면서
대대로 대를 이을 고추 위세 당당하다
작아도 씨는 한다며 부끄러워 빨갛다.

–「고추 팔자」 전문

글 A에서 '나대지'란 무엇을 상징하는가? 원관념을 파악하기 힘든 비유일 때 상징은 성립된다. 조시인의 글들은 그 표피적 전달 의미와는 달리 내밀한 그의 속 언어를 해독해내야 된다. '나대지'란 건축물이 없는 토지를 말하지만 이 글에서는 '임자 없이 홀로된 존재', '봄비에 알몸 밤새 젖어 축축해진 존재'를 뜻하며, 나대지(裸垈地)의 '裸'자를 염두에 두어야 한다. '어물쩍 말뚝 박고 줄을 띄워 소유'하며, '우거진 풀을 매고 속흙까지 더듬으며, 벌겋게 녹슨 호미로 묵은 씨앗 심는다.'는 표현은 겉으로 농경(農耕) 생활의 일면을 보는 듯하지만, 문사들이라면 그 속뜻이 외설적이라는 것을 금방 알아차린다.

글 B의 경우도 '고추'의 중의적 의미를 부각하며 재치 있게 사상을 전개하였다. '고추'의 상징성은 무엇인가? '벌겋게 발기한 놈', '꼿꼿한 태양초', '대대로 대를 이을 고추 위세'를 통하여 '고추'의 상징적 의미는 충분히 드러나 있다.

이러한 글들은 다분히 외설적이면서도 천박스럽지 않고 자연스럽고 재치가 흘러넘친다. 고도의 상징을 통한 시어 운용의 묘미와 작가의 문학적 재능이 잘 드러나 있는 작품들이다.

C

입口를 조심하라 / 口是禍門이라 했다 //
上口는 天氣出入 / 鼻口는 地氣出入 //
下口는 人氣出入口 / 망신살이 뻗친다.

– 「입구 조심」, 전문

D

머리와 몸뚱이를 이등분한 눈사람이
8자 고쳐 / 오래오래 부귀영화 누리고저 //
거꾸로 바로 잘라도 / 그 8자가 그 8자

8자가 누어있다 ∞공간에 유한한 몸

8자를 고친다면 / 8자는 0 0 병신이다 //
8자는 고칠 수 없다 / 타고난 게 8자다

－「눈사람 팔자」 전문

글 C와 D도 문자의 운용 감각이 넘치는 재치 있는 글들이다. 글 C는 '입口를 조심하라' 라는 경구를 앞세워 눈과 코와 입, 그리고 인체 '하구(下口)' 관리의 조심성까지 '망신살' 을 거론하며 경고하고 있다.

글 D는 눈사람의 형상을 닮은 '8' 자를 보고 거기서 착상된 시적 감성을 그려놓은 작품이다. '8자' 는 억지로 고치려고 건드리면 겹쳐놓은 동그라미 두 개가 떨어져 나가 병신이 되고, 누워 있으면 공간에 유한한 몸이 되니 굳이 고치려 애쓸 필요가 없다. 그리고 팔자 고쳐 부귀영화를 누리고저 거꾸로 세워 봤댔자 그 '8자' 가 그 '8자' 가 된다. 그러므로 사람이 타고난 팔자(8자)는 고칠 수 없다는 지론이다. 본문 제목이 '눈사람 팔자' 이니 어차피 다 녹을 것을 뭐 때문에 팔자를 고치려고 발버둥을 치는가?

이 글은 팔자타령에 여념이 없는 인간의 허망한 욕심과 허세를 질타하는 문자 시학의 미학이 돋보인다.

4. 깨달음을 통한 진실 발견의 혜안

조시인의 작품 세계는 일상적인 현상을 있는 그대로 묘사해 내는 데에서만 그치지 않는다. 눈앞에 나타난 현상을 통해서 얻어낸 삶의 깨달음을 작가만의 독특한 혜안으로 진실성 있게 토로해 낸다. 일찍이 공자께서 "술이부작(述而不作)" 이라 하였지만, 작가 조시인은 지긋한 나이에 인생 경륜이 두터운지라, 온고이지신(溫故而知

新)의 사고 바탕 위에 자기만의 심미안으로 깨달아 터득된 진실을 가미하여 수준 높은 창작물들을 쏟아내고 있다.

A
비지땀 흘리면서 / 온갖 풍상 견디면서
꿋꿋이 푸른빛을 / 잃지 않던 이파리들
늦가을 서리를 맞고 / 단풍이 절정이다.

인생도 단풍 들어 / 형형색색 볼만하다
단풍이 지기 전에 / 겨울이 오기 전에
서로의 손을 잡고서 / 단풍구경 오시라.

–「단풍의 초대」 전문

B
어제는 먼 것보다 가까운 게 잘 보이고
오늘은 눈앞보다 먼 것이 잘 보이니
이제는 작은 잎보다 큰 숲을 보라는 뜻.

두 눈 뜨고 살펴봐도 가물가물 흐릿하고
네 눈을 부릅떠도 찡그려야 뵈는 세상
차라리 두 눈 딱 감고 묵언정진 하련다.

볼 수 없고 뵈지 않는 후미진 그곳까지
마음의 눈 크게 뜨고 샅샅이 뒤척여서
눈감고 갈 수 있는 길 기어이 찾아내리.

–「노안의 뜻」 전문

글 A에서 '단풍'은 무엇을 의미하는가? 여기서 사전적 의미에서 벗어난 '단풍'은 온갖 풍상을 다 견뎌내고 곱게 물들어 노경에 접어든 아름다운 인생들을 암유한다. '단풍 구경 오시라'라는 말로 미루어 험난한 인생 역경을 딛고 오늘의 영광된 처지를 이루어낸 자긍심의 표현도 다분히 가미되었으리라. 곱게 물든 단풍은 온갖 풍상의 색감까지 깃들어 있으니 봄꽃보다 더 아름답지 아니한가?

글 D를 읽으면 '가장 중요한 것은 눈으로 보이지 않고 마음으로 보아야 한다'는 생텍쥐페리의 〈어린왕자〉가 생각난다. 이 글에는 인생을 달관한 노안(老眼)의 깊은 뜻이 담겨 있다. 시상의 전개가 어찌 이리 순전할 수가 있을까? 묵언정진(黙言精進)하는 작가의 삶의 궤적과 그 돈오점수(頓悟漸修)의 수행법으로 깨달아 득도한 도인(道人)다운 안목이 넘쳐흐른다. 숲을 보지 못하고 나무만을 바라보며, 영적인 것보다는 육적인 것만을 추구하며 살아가는 근시안적인 현대인들에게 던져주는 정문일침(頂門一鍼)의 멧세지가 크다.

C

가는 길 미심쩍다 / 들여다본 손바닥은
살아 온 시간만큼 / 어수선한 지형도다
운명의 길잡이라기에 / 갈 길을 묻는다.

사는 길 바꾸려고 / 강줄기를 돌려막고
아무리 용을 써도 / 머물다가 흘러간다
독도법 모르는 나는 / 타고난 길 가련다.

–「손금을 보다」 전문

D

숙주만 허락하면 뿌리 내려 겨우 산다
어디든 발길 닿는 그 나무가 내 집이요

언제나 안 주면 굶고 주면 먹는 삶이다.

하늘이 지붕이요 나무가 내 침상이다
한뎃잠 자는 신세 이슬로 끼니를 잇고
찬바람 부는 거리에 얼어 자는 신세다.

주인을 잘 만나야 잘 사는 그런 거지
소유가 무소유다 비운만큼 채우고파
오늘도 노숙자처럼 겨우 사는 신세다.

–「겨우살이」 전문

조시인은 처세관은 하늘의 이치를 거스르지 않는다. 타고난 대로 받은 대로 순리대로 살고자 한다. 글 C에는 삶의 길을 바꾸려고 용을 쓰며 강줄기를 돌려막고 살지는 않겠다는 순명의식(順命意識)이 드러나 있다. 글 D 역시 팔자대로 분수대로 노숙자의 심경으로 겨우겨우 무욕의 삶을 추구하며 살아가겠다는 소박한 꿈을 그려내고 있다.

'하늘이 지붕이요 나무가 내 침상이며, 한뎃잠 자며 이슬로 끼니를 잇는다니 좀 과장된 표현이기는 하나, 이러한 처세관은 우리의 옛 선비들이 오로지 자연과 벗하며 안분지족(安分知足)의 삶을 생활철학으로 여겼던 풍격과 맥을 같이 한다.

위에서 거론된 「단풍의 초대」, 「노안의 뜻」, 「손금을 보다」, 「겨우살이」 등은 삶의 체험 속에서 혜안으로 얻어낸 깨달음의 철학이 반짝반짝 빛난다. 그것이 삶의 처세관으로까지 확장되어 독자들에게 자아 성찰의 계기를 마련해 주니, 크게 공감을 불러일으키는 좋은 작품들이다.

5. 현실 풍자(諷刺)와 회화(戱畵)의 미학

조시인의 필력은 아름다운 산강(山江)을 뛰어넘어 여기저기 후미진 험지를 골고루 다 비췬다. 현실의 부조리에 대하여 예리한 안목을 가지고 날카로운 예봉을 휘두른다.

특히, 어떤 인물의 성격이나 외모의 특징, 그리고 특정한 상황에서 인물이 저지른 모순점이나 악행 등을 의도적으로 끄집어내어 웃음거리로 잘 만들어 낸다. 이러한 창작 기법은 직설적으로 말하지 않고 은근히 돌려서 비판하는 풍자(satire)와, 과장되거나 우스꽝스러운 것이 되도록 희화화(caricature)하여 표현해 낸다.

문필의 기능이 사회 정화와 정의 실현에 그 일면이 있다 하면, 이러한 조시인의 필봉은 민초들에게 막혔던 소통의 장벽을 허물고 응어리진 가슴팍을 풀어주는 주는 시원한 카타르시스의 역할도 담당해 주고 있다.

산 너머 북촌마을 대를 잇는 대포쟁이
먹어도 배가 통통 / 굶주려도 배가 퉁퉁
태연히 큰소리치는 두두룩한 똥배짱.

있어도 없는 척척 쓰고도 안 쓴 척척
알고도 모르는 척 / 보고도 못 본 척척
척척척 물결치듯이 쏟아내는 거짓말.

하늘의 별을 쏜다 바다 건너 겨냥한다
요란한 대포 소리 / 잠 못 드는 한반도
그래도 증권시장엔 파란불이 켜진다.

－「그놈 참」 전문

연암 박지원(朴趾源)은 몰락하는 양반 계급에 대한 신랄한 풍자를 기발한 문체로 소설화시켰다. 이 글에서도 부정적 인식을 갖고 있는 대상을 직설적으로 표현하지 않고 다소 조소하듯 돌려서 희화화하여 표현하고 있다.

여기서 '북촌마을 대를 잇는 대포쟁이', '하늘의 별을 쏘고 바다 건너 겨냥하는 요란한 대포 소리'는 누구 또는 무엇을 의미하는가? '잠 못 드는 한반도'를 통하여 이러한 시어들의 속뜻은 금방 알아차릴 수 있다. '똥배짱'에 '거짓말' 엄포에 한반도는 잠 못 들지만, 만성이 된 국민들은 위기의식에 둔감하다. 풍자는 사회의 부정적 현상이나 등장 인물의 악행, 모순점 등을 빗대어 조롱하듯 비웃으면서 비판한다. 이러한 표현 기법이 일반인들의 공감대를 형성할 수 있는 것은 글 속에 깔려 있는 카타르시스적 요소들이 대중적 정서와 맞아떨어지기 때문이다.

한여름 뙤약볕에 청청하던 이파리들
날씨가 냉랭하면 숨긴 색을 드러낸다
빨간 옷 갈아입고서 된바람을 맞는다.

누구나 푸른 시절 빨간 꽃 피우고파
평소에 빨간 생각 가슴에 품고 산다
빨갛게 물든 함성이 길거리로 퍼진다.

시퍼런 솔숲에서 묵비권을 행사하다
영하의 고문 받고 빨갛게 자백한다
무저항 시냇물 따라 전향하여 흐른다.

하늘색 점퍼 속에 빨간색 넥타이 맨
립스틱 바르고서 본색으로 호도한다
숨겨도 드러나는 색 그것은 빨강이다.

–「이파리의 본색」 전문

이 작품 속에는 의미심장한 작가의 신념과 사상적 배경이 숨겨져 있다.

이파리의 본색은 푸름일까 빨강일까? 이파리에 대하여 흔히 그것을 일상적으로 연상하면 푸른색(녹색)이지만, 늦가을 단풍을 떠올리면 붉은색이다. 일반적으로 푸른색은 '청춘'을, 빨간색은 '정열'을 의미한다. 그렇다면 이 글에서의 '빨간색'은 과연 어떤 의미를 내포하고 있을까? 아마도 본문에서는 날씨가 냉랭하면 숨긴 색 빨강을 드러낸다 하였으니, 인생의 황혼녘에 오히려 더 은근히 드러내고 싶은 서정적 자아의 '정열적 기질'을 뜻하리라.

그러나, 문학적 표현은 풍자적 다의성을 내포하고 있을 때 더 작품으로서의 가치가 높다. 이 작품에서 읽어낼 수 있는 풍자적 다의성은 무엇인가? 그것은 우리 사회의 이념적 현실 속에서 찾아낼 수 있다. 우리 사회의 골 깊은 이념적 갈등 상황은 크게 이분화 되어 있다. 소위 보수성향의 우파와 진보성향의 좌파가 그것이다. 이렇게 이분법적으로 잘라서 금을 긋는 것은 다소 문제가 있겠지만 대체적으로 볼 때 그러하다. 이러한 갈등 문제는 정치적으로 사회적으로 종종 논란의 중심부에 서 있는데 여기서 대두되는 것이 소위 '색깔론'이며, 푸른색이냐, 붉은색이냐가 문제이다.

이 작품에서 '빨갛게 물든 함성이 길거리로 퍼진다', '묵비권을 행사하다 자백한다', '숨겨도 드러나는 색 그것은 빨강이다'라고 한 것으로 보아 '빨강'의 의미는 확장되어 널리 '적색분자'의 개념까지 암시하고 있다고 본다. 거짓과 위선은 변장술로 호도하지만 시간이 흐르면 숨겨도 그 본색은 결국 드러난다는 의미이다.

이 글은 자연에서 취택된 소재를 현실 속으로 끌어들여 작가의 신념과 사상을 바탕으로 묘리 있게 구성함으로써 다의성과 풍자성을 증폭시킨 좋은 사례이다.

지금까지 조국성 시인의 작품 세계를 5개 영역의 중요한 분야로 나누어 그 대표작들을 중심으로 살펴보았다.

그는 노욕도 내려놓고 공명도 내려놓고 선비다운 모습으로 오로지 달관의 경지에 들어가 진실을 꿰뚫어보는 심안으로 작품을 쓰는 작가다.

이번에 상재되는 시집 『아직도 배고프다』는 그의 농축된 인생 경륜이 낙엽이 퇴비되듯 쌓이고 쌓여 밑거름이 된 것들이다. 그의 가슴에는 늘 시심의 불이 켜져 있고 그의 노안에는 늘 혜안의 불이 켜져 있기에 그는 훌륭한 시인일 수밖에 없다.

특히 그는 소재를 다루는 솜씨가 남다르고 탁월하여 소위 '낯설게 하기' 기법으로 풍자와 희화의 필법으로 남이 말해보지 못한 것들을 표현해 내는 안목과 식견이 출중한 시인이다. 전체적으로 그가 이루어 놓은 옥고들을 돌아볼 때, 그는 작시의 달인, 언어의 조련사임이 틀림없다. 그러기에 어떤 사물이든지 그의 안중에 들어오면 새로운 이름표가 붙고 새로운 생명이 태어난다.

조시인은 지긋한 연세에 품성이 매우 겸손하고 소박하여 인품의 향기가 진하고 남다르신 분이다. 그는 주변의 보잘 것 없는 것들에게서 새로운 의미를 발견해 내고 그것에 새로운 생명력을 부여해주는 필력의 소유자이며 문단에서도 크게 기대가 되는 건강한 문필가이다.

독자들의 입장에서 바라본 조시인 작품 세계의 특징은 험난한 인생 역정 속에서 걸러낸 삶의 깨달음의 증표요 산물이기에, 험난한 인생에 대한 처세술과 그 지침이 이 글 들 속에 숨겨져 있다.

이 한 권의 책이 영적으로 잠들고 있는 많은 독자들을 깨워서 좋은 인생의 반려자가 되길 바라며, 겸손한 자세로 구도자로서의 고행을 하고 있는 작가에게 찬사와 격려를 보낸다.

2016년 2월 25일

저서 추천 및 축하의 글

이광녕(문학박사, 수필가, 시인)

1. 김의식 시인의 교양도서 『실용지능 높이는 캠퍼스』 추천서

"이 책은 당신의 운명을 바꿔 놓을 것이다"

축복 중에 가장 뜻 깊은 축복은 만남의 축복이다. 사람은 우선 부모를 잘 만나야 하고, 스승을 잘 만나야 하고, 친구를 잘 만나야 하고, 시대를 잘 만나야 한다. 그 중, 스승이나 벗을 잘 만나는 일은 그래도 선택의 여지가 있지만, 부모를 잘 만나는 일과 시대를 잘 만나는 일은 본인의 의지와는 다소 동떨어진, 운명적일 수 있는 일이다. 인생의 스승은 다양한 모습으로 우리 앞에 다가선다. 흔히 특정의 훌륭한 인물이 스승으로 다가설 수 있지만, 때론 자연이나 환경, 또는 친구나 여타 사물들이 큰 스승이 될 수도 있다.

인류의 역사를 되돌아보면, 인생에 가장 큰 영향을 끼치고 전환의 계기를 마련해 주는 큰 스승은 바로 책이다. 좋은 책은 훌륭한 인물의 인생 체험이 축적되어 있는 영적 매체로서 영구적 가치가 있기 때문이다.

이 책은 당신의 운명을 바꿔 놓을 것이다.

저자가 피력한 바와 같이, 우리가 사는 세상은 늘 에덴동산이 아니라, 가시와 엉겅퀴가 여기저기 깔려 있는 지뢰밭이다. 생존경쟁이 치열한 이 험난한 지뢰밭에서 우린 어떻게 해야 살아남을 수 있는가? 이 책은 바로 그 해답을 제시해 주고 있다.

저자 김의식 교수는 이 책을 편찬하면서 '수십억의 보통사람들을 위한 것'이라고 하였다. 이 책에는 성공적 삶으로 이끌어 줄 꿈과 비젼, 학습촉진과 실용지능 향상을 위한 여러 가지 적용방법을 예화로 안내하여 삶의 좌표를 분명히 제시해 주고 있다,

송나라 구양수(歐陽脩)는 '시궁이후공(詩窮而後工)'이라 하였다. 좋은 글은 곤궁함을 겪은 후에라야 나온다는 말인데 이 책은 바로 그러한 고난 극복의 결과로 빚어낸 지침서이다. 이 책에는, 향나무는 도끼에 찍혀야 향내가 더 나듯이, 쓰라린 체험으로부터 우러나온 인품의 향기가 글의 곳곳에 배어 있다. 저자는 가난한 농군의 아들로 태어나 후미진 삶의 밑바닥서부터 올라가 처절한 인생 역경을 이겨 내고 일어선 이 시대의 인간승리자이다. 그는 무수한 엉겅퀴와 가시에 찔리고 상처 난 시대적 아픔의 면역력을 무기로 학생들 앞에 서서 강의하며 글을 쓴다. 그래서 그는 남달리 이모작 삼모작 인생을 꿈꾸면서 삶의 궤적을 새로이 그려나가고 실천해 가고 있다.

인생개척의 선구자로 우뚝 선 그는 이 시대의 횃불이요 앞서가는 스승이다. 이 책은 이러한 저자의 농축된 인생 경륜이 사회를 향해, 젊은이를 향해 뿜어내는 삶의 호소이며 절규이다.

이 책은 미래 비전을 갖고 인생을 개척하려는 젊은이들에게 어둡고 음울한 현실을 밝게 비춰주는 영적 에너지의 등대이자 발전소이다. 심혈을 기울여 자료를 수집하고 정성을 다해 원고를 간추려 대역작으로 탄생시킨 저자에게 찬사를 보내며, 이 책이 목마른 독자들에게 생수를 공급하고 인생 개척의 훌륭한 지침서가 될 것을 확신한다.

(2013년 2월 22일)

2. 김창운 시인 · 수필가의 수필집 『비와 바람, 그리고 여명』 추천서

"깨달음의 심연에서 건져 올린 진솔한 인생 고백서"

추정(楸亭) 김창운(金昌運)님의 수필집 〈절망에서 행복을 찾다〉는 오늘을 살아가는 이들에게 처신의 방법과 삶의 방향을 제시해 주는 인생 최고의 지침서이다.

이 책은 독자들의 운명을 바꿔 놓을 것이다. 돌이켜 보면, 우리가 살아가는 인생길은 언제나 순풍에 평온을 싣고 달려가는 탄탄대로가 아니라, 가시와 엉겅퀴가 여기저기 숨겨져 있는 지뢰밭이다. 생존경쟁이 치열한 이 험난한 지뢰밭 속에서 우린 어떻게 해야 살아남을 수 있을까? 이 책이 바로 그 해답을 제시해 주고 있다.

이 책의 저자 추정(楸亭)님은 네 살 때부터 부모를 떠나 조부모 슬하에서 자라났다. 일찍이 엄격한 할아버지 밑에서 혹독한 훈육을 받으면서 자기 성찰과 인생 승리의 탄탄한 바탕 수련을 쌓아왔으며, 험난하고 눈물 많은 어린 성장 시기를 그의 버팀목이요 그림자였던 할머니의 사랑으로 이겨내었다. 이렇게 성장한 그는 교직의 밑바닥에서부터 시작하여 교장직까지 40여 년을 우직할 정도로 한결같이 봉직하다가 퇴직하였다. 대부분의 교원들이 퇴직 후에는 노후 안정을 취하며 삶의 여유를 누리는데 비해, 추정님의 경우에는 퇴직 후에도 산더미 같은 큰 어려움들이 들이닥쳤다. 그중에 하나가 어린 손자들까지 떠안아야 했던 힘겨운 집안 사정이었다. 그 바람에 할아버지와 손자와의 조손간 사랑이 도탑게 꽃이 피는 계기는 되었지만, 갑자기 불어 닥친 아들의 사업 실패로 심적 물적으로 엄청난 시련을 감내해야 했으니, 후반기 인생은 시작부터 뒤죽박죽 헝클어져 만년에 겪은 그의 혹독한 어려움은 읽는 이의 마음까지 아프게 한다.

그러나, 책을 읽어가면서 크게 감동 받는 것은 작품 세계 속에 깃들어 있는 작가의 진솔한 인생 고백과 올곧은 인생관의 제시다. 일찍이 송나라 구양수는 '시궁이후공(詩窮而後工)'이라 하였다. 향나무는 도끼에 찍혀야 진한 향내가 나듯이 곤궁함을 겪은 후에라야 좋은 글이 창작된다는 말인데, 이 책의 저자인 추정님의 경우가 바로 그렇다.

이 책은 그가 겪어낸 파란만장한 인생 역정의 발자취이다. 오늘에 이르기까지 그가 겪어낸 고난과 감내하기 힘든 좌절과 절망, 그리고 그것을 지혜롭게 극복해 나가는 긍정적인 자세는 그의 진면목이며 사표로서의 귀감이 되어 이 책의 무게를 더해 준다.

추정님의 인품은 작품 속에 등장하는 그의 할아버지를 닮았는지 과묵하면서도 정감이 넘치며 목소리는 굵고 심성은 태산 같다. 거기서 우러나오는 육중한 목소리는 '큰바위 얼굴'을 닮은 듯 거대하고 우람하여서 천둥을 칠 듯 독자들의 마음을 긴장시키기도 하며, 읽으면 읽을수록 더욱 깊이가 있고 흥미롭다. 그래서 그의 글들을 읽으면 심연의 바다에서 각종 값진 보화들을 건어 올리듯, 작가 내면세계의 진솔한 심지 줄거리들이 미역줄기처럼 주렁주렁 매달려나온다.

그는 텁텁한 막걸리표 선비이다. 안분지족(安分知足)과 안빈낙도

(安貧樂道)를 실천하는 이 시대의 스승상이다. 그는 오늘도 산에 오르면서 '살아 있음에 너를 볼 수 있고 네가 살아 움직임을 보니 또한 내가 즐겁다'라고 감사의 마음으로 현실세계를 긍정하고 있다. 가장 솔직하고도 진실한 글은 인생을 정리하는 마지막 순간에 나온다고 하는데, 노욕(老慾)도 내려놓고 공명(功名)도 내려놓고 오로지 초탈의 경지에 들어가 열린 심안(心眼)으로 삼라만상의 섭리와 진리를 꿰뚫어보는 작가의 깨달음의 역량이 구릿빛으로 떠올라 동녘빛처럼 영롱하기만 하다.

이 책은 작가가 겪어낸 파란만장한 인생 고락을 마치 소설식으로 털어놓았다. 단지, 그 내용 전개에 있어서 픽션(fiction)이 아닌, 실제의 고백서이기에 논픽션드라마와 같은 점이 특징이다. 소설처럼, 어찌 보면 어떤 위인의 전기적 사실처럼 이야기를 전개시켜 이 책은 실감실정을 더해준다. 그러기에 이 책을 읽으면 누구든지 자기 일같이 공감을 느끼며 흥미 더욱 진진해진다.

작가는 현재 노후설계 전문가로서, 인생나눔 멘토로서의 역할로 봉사하면서 차분하게 인생을 관조하고 있다. 책을 읽는 독자들은 이 책을 통하여 인생의 활로를 찾게 될 것이며, 작가의 역량에서 우러난 무한한 가능성에 접해 볼 수 있기에 이 책은 독자들에게 소중한 인생 지침서로 작용할 것이다.

일찍이 선현들이 '서중자유천종록(書中自有千鍾祿)'이라 하였듯이, 이 책 속에는 작가의 험난한 인생 역정에서 건져올린 각종 보화가 숨겨져 있다. 험난한 파고로 밀어닥치는 현대사회에서 이 책은 하나의 등댓불로서의 방향을 제시해 줄 것이며, 누구든지 이 책을 읽으면 새로운 인생길이 열리고 각종 복록(福祿)이 저절로 굴러들어올 것이라 확신한다. (2014년 11월 1일 삼익 우거에서)

3. 박상하 시조시인의 시조집 『배꽃 편지』 서문

"인품의 향기와 깨달음의 순수 미학"

이 시집의 저자 창암(蒼岩) 박상하 선생님은 필자와는 각별한 관계다. 비록 그리 오랫동안 교분을 나누어 온 관계는 아니지만, 같은 교직 경험자의 선배님으로서, 또 시조사랑협회 일을 통하여 동고동락을 거듭해 오면서 큰형님 같은 구수한 인품으로 필자 앞에 다가오신 정겨운 분이시다.

창암 시인님은 뭇 시인들에게 달관한 선비 같은 초월적인 자세로 인품의 향기와 깨달음의 계기를 마련해 주시는 훌륭한 작가이다. 그간에 보여준 인간적인 면모와 베풂의 모습은 "자비와 덕망을 갖춘 이 시대의 모범 선비상"이라 해도 과언이 아니다. 그러기에 이번에 출간되는 박상하 시집 〈고향 찾아 가는 길〉은 오늘을 살아가는 이들에게 진솔한 사랑의 교훈과 깨달음의 이치를 던져주는 인생 지침서이다.

창암 시인님은 45년간 한결같이 교편생활을 하시다가 교장직으로 정년퇴직을 하시었으며 황조근정훈장 등 무려 37회의 교육공로 수상을 하신 교육계의 큰 공헌자이시다. 이러한 오랜 교육 경륜으로 다져진 오붓한 교육철학과 인생관이 작가의 시편 여기저기에 알알이 새겨져 있다. 그래서 작가는 지나온 인생길을 되돌아보면서, 「채근가(採根歌)」를 통하여,

"팔십 고개 인생길에 / 산을 넘고 강 건너니 // 마음으로 파고드는 / 무지개꿈 피어온다 // 황홀한 그 꿈을 위해 달려가던 나그네여."라고 회한을 읊조린다.

우리가 살아가는 인생은 언제 어디서나 가시와 엉겅퀴가 널려 있는 잡초밭이요 지뢰밭이다. 잡초밭이기에 각종 혼탁한 비리와 부조리가 우리를 어지럽히고, 지뢰밭이기에 여기저기 위험과 위기가 도사리고 있다. 이러한 환경과 역경 속에서 우리는 어떻게 견디고 극복해 나가야 할까?

창암 시인님은 이러한 현실적 난제들을 평소 그가 다져놓은 생활신조에 따라 '정도(正道)' 라는 인생의 용광로 속에 녹여서 그의 시적 역량으로 우려내고 있다. 창암 작품세계의 밑그림은 전통정신의 계승과 본향의식의 바탕 위에, 현실적 고뇌들을 심오한 선(禪)의 경지로 끌고 나가 그것을 달관자의 안목으로 승화시킨 모습이다.

창암의 작품세계가 갖는 커다란 물줄기는 효용성(效用性)과 교훈성(教訓性)이다. 요즘 젊은 작가들에게서는 찾아보기 힘든 충효사상(忠孝思想)까지 강조하며 미래의 창조적 소망에 초점이 맞추어져 있다.

미국의 비평가 에이브람즈(MH.Abrams)가 말한 시 감상의 관점으로 가늠한다면, '표현론적 관점' 보다는 '효용론적 관점' 의 경향이 강하다. 그래서 작품세계의 사상적 배경이 다분히 소위 '사무사(思無邪)' 의 틀에 재도적(載道的) 문학관의 색채를 띠고 있다. 먼 곳을 바라보지만 현실적이요 선비적 인품의 향기에 교시적(教示的) 시풍의 경향이며, 서책으로 말한다면 교훈성이 강한 '채근담(菜根譚)' 이다.

이 시집에 드러난 또 하나의 특징은 불교적 인과업보(因果業報)와 중생 인연(因緣)을 중시했다는 점이다. 전통정신과 계승정신이 양대 축을 이루면서 뿌리를 강조하고 자손의 번창과 인과의 원리를 여러 시편에서 토로하고 있다. 그리하여 「선무랑 彦信 찬가」에서는, "뿌리 없는 나무 없고 조상 없는 자손 없다"라고 미래 지향적 의지와 자손 번영에 대한 애착을 드러내면서 인과업보의 원리와 '순천(順天)'을 강조하고 있다.

무위자연을 근본으로 공생보시를 하며 선(禪)의 경지에서 자아성찰을 통하여 정통성을 이어받고 중생 인연과 불교적 선의 경지에서 주옥 같은 깨달음의 정서를 창출해 내는 것이 창암 시인님의 작시 스타일이다. 그래서 정통의 궤도를 따라 세상에 은혜를 끼치며 초월적 자세로 바른 생활을 지향하는 것이 그의 행복론이다. 이러한 작가의 품성은 「육신과 영혼」, 「선비의 혼」, 「채근가」, 「행복」, 「불에 탄집」, 「피서」, 「순천」, 「삶의 무게」 등 여러 곳에 잘 나타나 있다.

이 시집 〈고향 찾아 가는 길〉은 순수한 작가의 본향의식을 잘 그려낸 자화상(自畵像)이다. 전편에 걸친 시상 전개의 양상으로 보아 창암 시인님은 인생 경륜이 맑고 두터워서 추론과 사유의 깊이가 남다르다. 그러기에 행복론에 따른 삶의 무게도 일체유심조(一切唯心造)요 마음 한번 바꾸면 지옥도 천국이라고 역설한다.

창암 시인님은 겸양과 담소가 마치 득도한 도인(道人)과 같다. 상선약수(上善若水)와 같은 낮은 자세로 두 손을 모으고 진지하게 사람을 대한다. 그러기에 시인이 추구하는 삶의 자세는 늘 겸양(謙讓)이요 순천(順天)이요 무리가 없고 깨끗하다. 공명(功名)도 내려놓고 노욕(老慾)도 내려놓고 열린 마음으로 오로지 달관의 경지에 들어가

삼라만상의 섭리와 진리를 꿰뚫어보는 작가의 깨달음의 심안(心眼)이 구릿빛으로 떠올라 영롱하기만 하다.

독자들의 입장에서 본 이 시집의 특징은 파란만장한 역경 속에서 걸러낸 올곧은 인생관의 제시다. 험난한 가시밭길 속에서 그것을 지혜롭게 극복해 나가는 처방과 지침이 이 글들 속에 숨겨져 있다.

이 해맑은 한 권의 시집이 사표로서의 귀감이 되고, 어두운 현실을 비춰 주는 인생의 참등불이 되어 주길 바란다.

(2015년 4월 28일)

4. 이근구 시조시인의 고시조 이야기집 『인걸은 가도 향기는 남아』 축하문

"발간을 경축하오며"

수암 이근구 선생님의 『인걸은 가도 문향은 길이 남아』 발간을 진심으로 축하드립니다.

수암 선생님께는 그 인품의 향기에 저절로 고개가 숙여집니다. 평생을 교육계에 헌신하시고 지긋한 연세에 들어서도 후학들을 바르게 인도하시려는 사표(師表)로서의 열정과 인품의 겸손함이 늘 마음에 와 닿기 때문입니다. 또한 시조문단의 어르신이요 선두 주자로서 문학창작에 대한 열정 또한 젊은이 못지않게 앞서 나가시어 후배들에게 깊은 감동과 본을 보여주고 계시기 때문입니다.

수암 선생님께서는 일찍이 강원시조시인협회 회장직을 거쳐 강원문학상, 강원교원 작가상을 수상하시고 특히 우리의 전통 고유문학인 시조발전에 큰 관심과 정성을 쏟으시어 현재에도 한국시조사랑시인협회와 시조문학진흥회 등 여러 단체의 중요한 리더로서 많은 후학들을 이끌어가고 계십니다.

수암 선생님의 글 솜씨와 시조사랑정신은 평소에 여러 지면이나 선생님과의 친교를 통해서 익히 알고 있습니다. 이번에 정리되어 발간되는 『인걸은 가도 문향은 남아』는 선생님의 시조사랑정신이 고스란히 결집된 하나의 결정체입니다.

선생님께서는 일찍이 한국문학신문 〈고시조의 향기〉란에 우리 고시조의 맥을 짚어가며 무려 100회까지 정성을 들여 연재하셨는데,

그 집필 의도와 문향(文香)이 짙어 독자적 가치와 지명도가 독자들에게 널리 알려져서 인기 평론 코너로서 크게 관심을 불러 모았었습니다.

고시조의 향기는 과거와 현재, 그리고 조상의 얼을 재조명하여 현대인의 사고와 행동을 되돌아보게 하는 법고창신(法古創新)의 상징적, 교훈적 의미가 들어 있습니다. 이러한 의미 깊은 정신과 풍류가 이 글들의 곳곳에 스며들어 있습니다.

주지하는 바와 같이, 시조는 여러 가지 우리의 국문학 장르 중 가장 오래된 전통문학이요 뿌리문학으로서 거기에는 조상들의 얼과 넋이 고스란히 담겨져 있습니다. 수암 선생님께서는 시조발전의 선봉에 서시어 많은 후학들을 길러내심은 물론, 뿌리문학에 얽힌 조상들의 숨결을 음미하여 시조문학의 보급 발전에 앞장서고 계십니다.

논어에 '불학시무이언(不學詩無以言)'이라 하여, 시를 배우지 않으면 말을 할 수 없다고까지 하였습니다. 이와 같이 예부터 시는 우리 조상들의 생활 필수 도구요 하나의 방편이었습니다. 시로써 사상과 감정을 표현하고 교유하고 풍류 화답하고 심지어는 신분상승의 수단으로 삼아 시를 배우지 않고는 살아갈 수 없다고까지 한 것입니다. 그러므로 이러한 시의 정신을 이어받고 조상의 숨결과 족적을 살펴 시조의 향기를 재음미해 보는 일은 매우 값진 일이 아닐 수 없습니다.

그런 의미에서 이번에 출간되는 『인걸은 가도 문향은 남아』는 대단히 뜻 깊은 결과물이요, 역작 탄생의 고고지성(呱呱之聲)이라 할 수 있습니다. 이 책을 발간함으로써 시조문학 발전에도 크게 기여하리라 봅니다.

주옥같은 사연이 담겨 있는 고시조들을 정성껏 골라 평설을 쓰시고, 그 문향을 널리 퍼뜨리어 은은한 감동을 선사하신 수암 선생님께 깊은 감사와 더불어 진심으로 경하를 드립니다. 모쪼록 이 한 권의 책이 오늘날 감각을 잃은 많은 심령들에게 영혼을 일깨워주는 밝은 횃불이 되어주길 바랍니다.

(2015. 11. 1)

효봉(曉峯)
이광녕(李廣寧)

약력

- 문학박사, 시조시인, 수필가
- 문예창작지도교수
- 초 · 중 · 고 · 대학 교직경력 50년
- 전통문화지도사
- 서울교대, 국제대, 연세대 대학원(석사)
- 한양대 대학원을 거쳐 세종대 대학원(박사) 졸업
- 세종대, 건국대, 덕성여대(평생교육원), 신한대(교양학부) 등에서 문예창작 및 현대시론 강의
- (사)한국시조사랑시인협회(명예이사장)
- 한국가곡작사가협회(명예회장)
- 강동문인협회(고문), 세종문학회(고문)
- 월하시조문학회(회장역임)
- 강동예술인총연합회(자문위원)
- (사)한국시조시인협회(사무총장역임)
- 『세종문학』 발행인 등

저서

- 시조집 · 시집 : 『당신의 향기 묻어』
  『나무는 눕지 않는다』, 『투정도 사랑인 걸』
  『달에서 그대를 만나다』, 『하늘다리 건너다』 등
- 시조 이론서적 : 『현대시조의 창작기법』
  『현대시조 창작』 이론과 실제의 모범교본
- 논문 : 「춘원문학에 나타난 정(情)에 관한 연구」
  「현대시조의 미의식 연구」(박사)외 다수
- 교양서적 : 『지혜의 샘』
- 평설집 : 『아름다운 시혼, 그 울림소리』
- 기타 : 가곡작사시집 『시는 노래가 되어』(공저)
  23권 외 가곡작사 80여 곡 공연 발표

아름다운 시혼 그 울림소리

인쇄일 | 2016년 5월 15일
발행일 | 2016년 5월 15일

지은이 | 이광녕
펴낸곳 | 도서출판 조은
발행인 | 김화인
편집인 | 김진순
주소 | 서울시 중구 을지로20길 12 대성빌딩 405호
전화 | (02)2273-2408
팩스 | (02)2272-1391
출판등록 | 1995년 7월 5일 등록번호 제2-1999호
ISBN | 978-89-94329-84-0
정가 | 30,000원